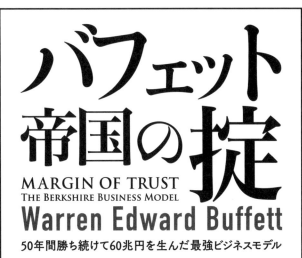

バフェット帝国の掟

MARGIN OF TRUST
THE BERKSHIRE BUSINESS MODEL

Warren Edward Buffett

50年間勝ち続けて60兆円を生んだ最強ビジネスモデル

ローレンス・A・カニンガム／ステファニー・キューバ 著
岩本正明 訳

ダイヤモンド社

MARGIN OF TRUST:
The Berkshire Business Model
by
Lawrence A. Cunningham and Stephanie Cuba

This Japanese edition is a complete translation of the U.S. edition, specially authorized by the original publisher, Columbia University Press.
Japanese translation rights arranged with Columbia University Press, New York through Tuttle-Mori Agency, Inc., Tokyo

日本語版への序文

ウォーレン・バフェットが2020年の株主への手紙の中で、本書をバークシャー・ハサウェイの株主に薦めてくれたと知り、我々はこの上ない喜びを感じている。

彼が手紙の中で言及したように、本書はバークシャーで――そして、ほかの成功している企業の一部でも――実践されている経営の原則について書かれたものだ。

このテーマについては、これまでほとんど書かれることがなかった。

これまでは、バフェットの銘柄選別の基準となる投資原則の方に世の中の注目は集まっていた。

バフェットは過去50年もの間、投資において最も重要な3つの単語は「margin of safety（安全域）」だと主張してきた。つまり、企業の内在価値と比較して割安な価格でその株式を買うことが重要だという意味で、投資とは切り離せないリスクを和らげる作用を持つ。彼は十分に余裕のある安全性をもって株式を買える機会が訪れたときには、積極的に買いに出るよう投資家にアドバイスしている。

本書が経営の分野において新たに生み出したのが、「margin of trust（信頼域）」という言葉だ。

これは、バフェットが投資する際と似ている、経営に対してのバフェットのアプローチを強く意識している。

過去20年の間、バークシャーが多様なビジネスを抱えるコングロマリットに成長していく過程において、バフェットは最も信頼できる仲間と働くことの重要性をますます重視するようになった。どのような組織においても、最良の判断を下せるのは問題に最も近い人であることに変わりはない。企業集団においては、本社の経営陣ではなく、特定のビジネスユニットの経営陣がそれに当たる。

結果、バークシャーでは分権と自立の原則が押し進められた。バークシャーは心から信頼できる経営者を見つけたとき、その人物にあらゆる経営判断の権限を与える。

■コロナ禍でより鮮明になったバークシャーのビジネスモデルの価値

バークシャーの80ものビジネスユニットの業績に、この信頼を基盤としたモデルの価値が如実にあらわれている。また、そのおかげでバークシャー傘下の企業は、多くの企業を悩ませてきたスキャンダルや諸々の問題とはほぼ無縁でやり過ごせてきた。2020年初頭に世界を襲ったコロナウイルスのパンデミックによってもたらされた、かつてない経済的混乱の中でも、バークシャーのビジネスモデルの価値はより鮮明になった。

バークシャーのようなコングロマリットにおいては、パンデミックの中で衰退する企業もあれば、成長する企業もある。多くは経営の足元が揺らいでいるだろう。外部識者やほかの企業の経営者の多くは、バークシャーとは異なるアプローチを好んだ。つまり、うまくいっているユニットから苦しんでいるユニットに経営のリソースを再配分するのだ。それが本社の経営陣の義務だと考えている。

2020年の上半期、バークシャー傘下の小売りとレストランの事業は影響をまともに受け、多くが閉店した。プライベートジェットや産業用潤滑油の事業では影響は限られ、保険事業では一部のユニットで保険金請求が増えたものの、概ね順調に推移している。それぞれのユニットが独自に負担をし、独自の利益を確保している。各ユニットが独立企業体であるかのように(機能的にはまさにそうだ)、社会的統制と経済の力学にその身を委ねているのだ。

バークシャーでは、それぞれの傘下企業が自分たちの事業環境に合わせて柔軟な対応を取っている。本社からの介入は一切ない。従業員を一時解雇したり、給与を削減したり、設備投資を抑制したりする企業があれば、そうした動きのない企業もある。本社の経営陣の鶴の一声ではなく、それぞれのユニットの独自の判断に基づいて、周知の効果や予測される変化と照らし合わせながら様々な調整がなされているのだ。

実際、パンデミックの最終的な影響など誰にも予測できない。

ただ、予測する人が実際の現場から離れていればいるほど、予測の精度は下がっていくだろう。

■ 多くの記事の見出しと異なり、パンデミックをうまく乗り越えた

こうした理由から、景気への悪影響が顕在化して以降も、バークシャー傘下の企業群は平均的な企業に比べるとパンデミックをうまく乗り越えられている。例えば、2020年度第1四半期の営業利益は、前年同期の55億ドルから58・7億ドルに増加した。あの悲惨な3月を含むにもかかわらずだ。

多くの識者は証券投資への影響だけに注視し、記事の見出しにも540億ドルの評価損という数字が並んだ。ところがその数字は実際の経済的損失ではない。バークシャーが有価証券のほとんどをまだ売却していないからだ。近年の会計ルールの変更を受けて、バー

クシャーは有価証券の価値を時価で計上するよう求められている。有価証券の購入価格や企業の内在価値、永久保有するというバークシャーの方針はここでは無視されている。

さらにバフェットの投資の原則は、本書のテーマであるバークシャーの経営の原則とはほとんど関係がない。確かに、バークシャーは傘下企業の経営者に敬意を表し、その企業と株式を永久に保有する傾向にある。ただ、投資の原則は安全域――株価が企業の内在価値と比べてどれほど割安か――を重視している一方、経営の原則は信頼域――その仲間にどれほどの自由裁量を与えることができるか――を中心としていることを忘れてはならない。

パンデミックは自立と分権的な意思決定を好むバークシャーの経営モデルの合理性をさらに裏付ける結果となった。例えば、パンデミックは世界規模で広がっており、グローバルなリソースを投入することもできたが、ドイツが述べたように、(EUや国連などの)国際機関が特定の国――日本であれ、カナダであれ、米国であれ――の出来事を管理できるような責任能力はなかっただろう。むしろ、地方――日本の県や米国・カナダの州――の政府に最大限の権限を委譲することが中央政府のプラスに働いた。

それは企業においても同じだ。バークシャーではバフェットがすべてのビジネスユニットの対応について事細かに指示するのではなく、それぞれのユニット――ガイコであれ、シーズ・キャンディーズであれ、プレシジョン・キャストパーツであれ――の経営陣に判断を任せたことは賢明な対応だった。

危機を乗り越えている企業からキャッシュを吸い上げて、倒産しそうな企業の損失の穴埋めに使っていたとしたら、それは特に愚の骨頂だっただろう。もしそうしていれば、本書でその価値を説明している信頼域は損なわれていたに違いない。

2020年6月

ローレンス・A・カニンガム　　ステファニー・キューバ

バフェット帝国の掟　目次

日本語版への序文……3

コロナ禍でより鮮明になったバークシャーのビジネスモデルの価値……4

多くの記事の見出しと異なり、パンデミックをうまく乗り越えた……6

プロローグ　信頼という名のアメ……15

バフェット帝国のシンプルな掟＝仲間に対する信頼……16

買収候補となる企業が満たすべき4条件とは……23

Part 1　組織マネジメントの掟 …… 41

Chapter ❶　プレイヤー
——さびれた織維会社を世界一の投資会社に変身させる …… 42

ナンバー2：マンガー …… 45
副会長：アベルとジェイン …… 46
取締役会 …… 47
株主 …… 53
経営者 …… 60

Chapter ❷　パートナーシップの慣習
——株価が30万ドルになるまで …… 70

企業方針 …… 70
株主への手紙 …… 74
株主総会 …… 76

Chapter ③ 経営手法——キャッシュを生み続ける美味しいビジネスモデル …… 83
資金調達 …… 84
グループ内での資本配分 …… 86
分権 …… 88
買収——「行き当たりばったりで偶然任せ」だった …… 98

Part2 信頼と委譲の掟 …… 103

Chapter ④ 買収——人への信頼こそが巨利の源泉 …… 104
非公式の約束 …… 105
買収契約 …… 108
最善の努力と正当な理由 …… 113
字義と精神 …… 120

Chapter 5 取締役会――バフェットの人材育成術 126

Chapter 6 社内事情――世の中の逆を行く「非ガバナンス」の組織 133
統制と信頼 135
規範と規則 138
株主重視 141

Part3 投資の掟 147

Chapter 7 対比――最初は「門外漢の乗っ取り屋」だった 148
株主アクティビズム 149
プライベート・エクイティ（PE） 154
バークシャーとPE 158
3Gの奇妙な事例 161

Chapter ⑧ 比較——買収後の見事な経営が数々の伝説を生んだ …… 167
保険業 …… 168
一般事業会社 …… 176

Part 4 課題克服のための掟 …… 191

Chapter ⑨ 判断——判断ミスはコストのうち …… 192
買収 …… 192
経営幹部 …… 200

Chapter ⑩ 大衆の認識——注目されすぎる代償 …… 206
保険 …… 207
金融 …… 210
エネルギー …… 213

Chapter ⑪ 規模――「巨大すぎる」という疑念との闘い …… 217
大きすぎて潰せない …… 220
コングロマリット …… 222
大きすぎて成功しない …… 225
Chapter ⑫ 後継――「いつか訪れる最期」へのバフェットの回答 …… 228
エピローグ　無慈悲という名の鞭 …… 235
大きな批判を呼んだバフェットの失敗 …… 236
バフェットが決して容赦しないこと …… 244
訳者あとがき …… 247
注記一覧 …… 261

プロローグ

信頼という名のアメ

■バフェット帝国のシンプルな掟＝仲間に対する信頼

ウォーレン・バフェットが築き上げた帝国、バークシャー・ハサウェイ。その帝国のビジネスモデルの本質は仲間に対する信頼だ。このシンプルな考えが、企業のあり方に途方もない影響を与える。

我々はバフェットとバークシャーに関する研究を何十年も続け、いくつもの文章をしたためてきた。ローレンス・A・カニンガムは1996年、バフェットとバークシャーに関するシンポジウムを主催し、その内容は『バフェットからの手紙』という1冊の本にまとめられた。同書は瞬く間に世界的ベストセラーとなり、いまでは熱狂的な愛読者を持つ古典にまでなった。

以降、バフェットとバークシャーをテーマとした本は数多く書かれてきたものの、その多くは投資に関してであり、彼の経営に関する本は限られている。

多くの投資家がバリュー投資の手法を受け入れ、バフェットの教訓に耳を傾ける一方、バークシャーの経営手法を取り入れる経営者の数は少ない。その差はもしかしたら、年数にあるのかもしれない。バフェットの卓越した投資家としてのトラックレコードは60年の長きにわたるものの、バークシャー独自の組織体制はまだ10〜20年ほどしかその真価を証明していない。

ただ、世の中の関心は高まりつつある。

イノベーションを促す組織体制に関心のある研究者は、バークシャーの特異なビジネスモデル、特に自立と分権を重視するその姿勢に興味をひかれている。※1

企業の生産性や従業員のコンプライアンスに与える文化の役割を研究している人も、伝統的な内部統制ではなく、お互いに誠実であることを重視するバークシャーの企業文化に注意を傾けている。※2 あらゆる業界の起業家――IT大手のアルファベット（グーグルの持ち株会社）、金融情報会社のモーニングスター、販促品メーカーのシンプレスなど――が、バークシャーのビジネスモデルの一部を取り入れ始めている。ミッション・ステートメントやレバレッジの役割、資本配分に至るまで、自身の職場や経営方針を評価する際に、多くの取締役会がバークシャーを参考にしている。戦略的経営や競争優位に関する大学の授業でも同社は取り上げられているのだ。※3

バフェットの投資哲学において、最も重要なコンセプトである「margin of safety（安全域）」。※4 経済誌フォーブスは1998年、『バフェットからの手紙』をテーマに、カニンガムにインタビューした際、そのコンセプトを引用する形で「3つの短い単語」という記事の見出しを立てた。それから30年、我々はバークシャーの経営哲学を最も端的に表す3つの短い単語を本書（原書）のタイトルとさせてもらった。それは「margin of trust（信頼域）」だ。

安全域とはつまり、企業の本質的価値を大きく下回る価格でのみ投資すべきという考え方だ。そうなる場面は限られているため、タイミングが訪れたら思い切って資金を投じなければならない。同様に、信頼域とは心から信頼できる人とだけ一緒に働こうという考え方であり、そういう人物も限られているため、首尾よく見つけたら心から頼りにしなければならない。

信頼を得ることは難しい、とバフェットは考えている。バンカーや仲介業者、金融機関の間では特にそうだ。だからこそ彼は可能な限り、仲介業者を取引に介在させない。仲介業者を雇うのではなく自分たちで買収する企業を探し、第三者からの借り入れではなく保険会社のフロート（保険料の徴収と保険金の支払いの時差から生じる滞留資金）を通じてグループ内で資金調達する。バークシャーとバフェットは買収のパートナーから企業の経営者まで、信頼できる人を見つけたときには彼らを心底頼りにする。だからこそ買収する前にほとんどデューデリジェンス（相手企業の資産や収益性、リスクを適正に評価する手続き）を行わなくても、さらに買収後にその経営者に経営の自由裁量を与えてもかまわないのだ。

多くの人はバークシャーとバフェットはあくまで特殊であり、他者がまねできるようなモデルではないと考える。そうした直感はある部分では正しい。自分はバフェットの生き写しであることを証明しようとしたり、彼がつくった燦然《さんぜん》たる組織を忠実に再現しようと試みたりするのは愚かな人だけだ。バフェットがこれほど成功しているのはある程度は彼特有の性質、性格や幸運などによるものであり、それらが有機的に絡み合った結果だ。[※5]

その上で、バフェットとバークシャーが大切にしている原則の多くは応用可能な枠組みを提供しており、それらはバークシャー以外の組織でも十分に機能し得るものだと言いたい。大切なことはその信条、特に信頼を重視する考え方とその意味や影響を理解することであり、さらにそれらを自身の組織に応用するやり方を見つけることだ。

バークシャーを特徴づける経営理念は分権と自立だ。あらゆる経営の権限が傘下の子会社のCEO（最高経営責任者）に委譲され、彼らも製品やマーケット、顧客に最も近い部下に権限を委譲する。

研究によると、信頼とは大きなモチベーションを与えるもので、自立は統制よりも企業価値を高めるという。経営管理の研究者たちは、信頼を基盤とした文化が組織の競争優位になり得ることを実証している。[※6]

自立の文化が社内に育まれれば、従業員は上司への報告ではなく、目の前のタスクに集中するようになる、と経営管理の専門家は強調する。より効果的なリーダーシップ、管理コストの低減、その他のあらゆる組織の効率化をもたらし、競争優位につながるのだ。最終的には業績の改善や利益率の向上といった結果をもたらす。[※7]

バークシャーや傘下の多くの子会社のように、グローバルに事業を展開する大企業は自らの競争優位（バフェットは「モート」と呼ぶ）を脅かすものに対応していかなければならない。企業の競争優位――ブランド力やプラットフォームとしての優位性など――とは、市場に関する圧倒的な知識、経営手法、販売技術などによってもたらされている。市場での盤石な地位を維持するためにこうしたモートを守るには、市場を破壊するような競合他社や新たなテクノロジーの登場に迅速に対応し、創造力を発揮し、うまく適応していかなければならない。[※8]

ところが現代の大企業の組織体制――ヒエラルキーと内部統制への過度な依存が特徴――では、そうした対応が困難になっている。バフェットはモートを守り、イノベーションを促すために、あえて緩やかな組織体制を採用しているのだ。

バークシャーのビジネスモデルにも問題はあり、信頼できない人――与えられた自由裁量を悪用する経営者――を信頼しすぎてしまうこと、もしくは他人をあまりにも信頼しないこと、例えば、取引に潜むリスクを見つけられるかもしれない外部のアドバイザーを雇わないことに起因する。

また、他社と違うことで間接的なデメリットもある。他社がヒエラルキーや内部統制、外部アドバイザーに依存している時代においては、前述した問題が顕在化したときに、懐疑的なメディアや大衆から過剰に叩かれてしまうのだ。バークシャーほどの規模になると、批評家は規模のせいで業績が平均を上回らないのではないか、子会社をしっかりと監督しないことで不要なコストが生じているのではないかと訝《いぶか》しむ。

一方、信頼を重視しているのはバフェットやバークシャーだけではない。信頼がビジネスモデルの要となる保険業界では、信頼を基盤とした文化、そしてそこから派生する自立や分権の経営理念は広く採用されている。例えば、アレゲニー・コーポレーション、フェアファックス・ファイナンシャル・ホールディングス、マーケル・コーポレーションなどが、同じような企業文化を誇示している。

また、バークシャー的な経営アプローチはバフェットがかかわりを持つ多くの企業の特徴でもある。古くは数十年前、トーマス・S・マーフィー率いるキャピタル・シティーズ／ABCまでさかのぼる。彼はバークシャーの取締役を長きにわたって務めている。最近で言うと、プリツカー兄弟らが率いてきたマーモン・グループだ。同社は10年ほど前にバークシャーが買収した。

バークシャーの組織としての側面に対する関心はますます高まっている。バークシャーモデルはますます独自の色を強め、コンステレーション・ソフトウェア、ダナハー・コーポレーション、イリノイ・ツール・ワークスなど、様々な業種の企業を傘下に収めていく上でその重要さは増している。

バークシャーのモデルはまず信頼できる人――経営者、取締役、株主――ありきだ。さらに熱心なコミュニケーションや祝賀イベントなど信頼関係を強化するための具体的な活動に加え、経営手法、買収の迅速な判断、自立と分権、企業を永久に保有する姿勢なども重要な特徴となる。

・・・・

自身の人脈に対する信頼を含め、バークシャーのビジネスモデルの主要な原則がほぼすべて垣間見える具体的なケースがある。2015年に買収したドイツのバイク用品販売会社、デトレフ・ルイス・モトアラート・フェアトリーブスだ。

■買収候補となる企業が満たすべき4条件とは

バークシャーは1985年以降、買収候補企業が満たすべき要件を言明している。「シンプルなビジネス」、「安定した収益力」、「堅実な自己資本利益率」、そして「信頼できる経営陣が舵を取っていること」だ。

お気に入りの候補企業の多くは、何代にもわたって経営されている同族企業だ。バークシャーが過去数十年の間に買収した企業の多くは業種、ビジネス、組織体制においてはバラバラだが、すべて前述の基準を満たし、誠実さ、自立、忍耐などの価値観を共有している。

規模は大きければ大きいほど好ましい。最低でも年間利益が7500万ドル以上だ。バークシャーはより大きな企業――企業買収の世界では「象」と呼ばれる――を好むが、欧州初の買収は特別な例外と言えるものだった。ルイスの年間利益はその下限のおよそ半分にすぎない。

ただ、ルイスはそれ以外の基準はすべて満たしている。バイクレーサーでもあったデトレフ・ルイスが1938年に創業し、バイクの販売・修理を行う企業として始まった。デニス・ホッパーやピーター・フォンダを主役に据えた『イージー・ライダー』などの映画で描かれているバイク文化華やかかりし時代の波に乗り、1960年代にはドイツ最大のバイク企業に成長した。

デトレフはカタログ販売の手法で、顧客基盤と販売地域を広げた。さらに、ベルトやブーツ、グローブ、ヘルメット、バイザーなどのアクセサリー商品の販売も開始。1970年代にはギュンター・アルブレヒトを新たな経営パートナーとし、実店舗網を拡大しつつ、さらにメールオーダー・ビジネスも大きく成長させた。

1980年代には妻のウテ・ルイスと息子のステファン・ルイスも事業に加わり、ビジネスは新境地に達し、ドイツ中に店舗網を構築した。1981年のハノーバーを皮切りにベルリン、デュッセルドルフ、レーゲンスブルクに店舗を開き、1989年には18の店舗を所有・運営していた。

1986年にはメールオーダーで使うアクセサリーや服のカタログが357ページまで増え、ウテの力を借りて社内でデザインする商品も出てきた。拡大した商品ラインナップをカバーできるよう、1991年にはハンブルクに自動化された巨大な物流センターを建設した。

独自の強みを構築するために、ルイスは1996年にバイク販売ビジネスを切り離し、会社のリソースをすべてアパレルとアクセサリーの販売に集中した。そのころにはカタログのページ数は600ページに達していた。1997年にはインターネット販売に乗り出して、欧州全土の顧客基盤を構築。商品ラインナップはブレーキパッドやミラー、モーターオイルなど、必須の修理パーツも含め、3万点に膨れ上がった。

ルイスは安定した成長を続け、2000年代前半には6年間で売り上げを2倍に伸ばした。事業の成長と歩調を合わせ、物流施設のキャパシティも拡大していった。インターネットが注文の3分の2以上を占めるものの、拡大する実店舗網――4カ国で80店舗以上――での売り上げも増え続けた。2002年にはルイス・アカデミーの運営を始め、いまでは数千人にも及ぶ従業員にトレーニングを提供している。

端的に言うと、ほとんど借入金に頼ることなく莫大なキャッシュフローを生み出しており、財務状況は極めて健全だ。2008年以降の欧州の不況の中でも年間売上高は2億5000万ドルほどで安定し、営業利益率は20パーセント近く、自己資本利益率は30パーセントを上回る。

売り上げが安定的に伸長し、ネット販売への移行に成功できたのもそのブランド力の強さを物語っている。ブランド力があるからこそ、販売エリアを拡充できるのだ。地元のドイツとオーストリアだけではなく、戦略的に欧州主要都市に店舗を設け、米国と日本の市場にもネット販売で参入している。

これまでそれほど大きな逆境を経験して来なかったという部分もある。

第一にルイスの扱う製品はローテクであるため、ビジネスの理解が容易であり、破壊的イノベーションや陳腐化のリスクが小さい。また、バイクの販売から撤退して、服などのアクセサリーや交換部品などの必需品に絞ったため、典型的な消費財企業と比べると景気に連動した浮き沈みが限定される。

ルイスは前方統合の戦略——製品を設計・製造し、そのまま実店舗、メールオーダー、インターネットで販売——で成功した。スケーラブルであるため、売り上げが継続的に増えても資本コストの増加は抑えられ、自己資本利益率は上がる。また、顧客と従業員を大切に扱うことで双方に忠誠心が育まれた。トレーニング・アカデミーを見れば従業員を大切にしようとする姿勢は明確であり、製品ラインナップが拡大し続けていることから顧客重視であることも推測できる。

そして最後に、強力な競合他社が参入しようとは思わない小さくてニッチな市場で事業を行っていることも強みだ。ハーレーダビッドソンやヤマハなどのバイクメーカーが有力な参入候補企業だが、それらの企業は新型のバイクの販売に最も魅力的な商機を見出しており、アクセサリーや部品のビジネスで積極的に競争することには旨味を感じていない。実際、それらの企業はバイク文化の魅力を高めるルイスの存在から利益を得ている立場だ。デトレフは2012年に亡くなり、妻のウテが彼の後を継いだ。ルイスのような同族企業を売却するにあたり、売却先としていくつかの選択肢があった。まず考えられるのはバイクメーカーだ。

ところがデトレフが亡くなって2年が経っても取引は成立せず、相互に関心が希薄なことを示唆していた。[※9]

次の候補はプライベート・エクイティ（PE）などの金融業者だ。ルイスは垂涎の的ではあったが、彼らに売却するのはウテにとっては嫌だったはずだ。

もしPEがルイスを買収したら、彼らは何をするだろうか？　考えられるシナリオは、

・コストカット。おそらくトレーニング・アカデミーの閉鎖、従業員を減らす、動きの鈍い商品在庫の削減

・実店舗に紐つけられた不動産の現金化。おそらくセール&リースバック（資産を売却した後、リース契約でその資産を継続使用する）を行い、売却益を配当として配り、長期的なコスト構造の見直しに取り組む

・急速にビジネスを拡大するために借金で資金調達して欧州全土に新規店舗を設け、ルイスの健全なバランスシート路線から脱却する

・本社をドイツからリヒテンシュタインやルクセンブルクなどの租税回避地に移転する

このシナリオを実行するということはもちろん、まず最初に経営陣を刷新することを意味する。ルイスの経営チームが経験豊富なベテランであろうが関係ない。さらに数年以内で会社をどこかに売却するはずだ。

一方、バークシャーはあらゆる点で真逆の買収提案をしてきた。※10 ウテのファイナンシャル・アドバイザーであるジポラ・クップファーベルクが米国の担当者——その父親はバフェットの長年の知り合い——に連絡した後、バフェットはバークシャーのいつもの約束をウテに伝えた。既存の事業、従業員、戦略、資本構成を維持し、本社は移転せず、経営チームは変えず、会社を可能な限り永久保有する。

こうした約束の見返りとして、バークシャーに売却する企業は割安な買収価格を容認することが少なくない。バークシャーは売り手側に価格を提示してもらい、受け入れるか拒否するのかを決める。ルイスのケースでは、買収価格はおよそ4億5000万ドルだった。

いつものように株式交換ではなく現金払いだ。売上高の1・5倍、自己資本の4倍、利益の10倍と、比較対象となる上場企業のバリュエーションよりも割安だった。自己資本利益率の高さと売り上げの潜在的な伸び率を考えると、妥当な金額ではあるもののプレミアムは払っていない。※11

バークシャーは事業内容よりも、同社の哲学に見合う質的な基準を満たしているのかどうかをより重視する。確かに子会社であるガイコはバイク保険を販売している。また、2008年のリーマンショックと呼ばれる一連の金融危機の際に、ハーレーダビッドソンにまとまった投資をした。

最近では、米国の大手自動車販売会社を買収した。

とは言え、それ以外にバークシャーとルイスの事業の間に共通点はなかった。

ただ、売り手の方はバークシャーの既存ビジネスとの重複が気になるはずだ。公正取引委員会が買収に待ったをかけるかもしれないからだ。ルイスに関して言えば、バークシャーがブルックス・ランニング・シュー・カンパニーやフルーツ・オブ・ザ・ルームなどのアパレル会社を所有していることが懸案事項に該当する。ただ、欧州当局は独占禁止法への違反は特にないと判断した。※12

ではどうして、バークシャーは最近まで大西洋の向こう側の企業を買収しようとしなかったのか。得意分野に徹するという考え方、そして受け身の投資戦略が、これまで買収が米国企業に偏っていた主な理由だ。バフェットは自分が理解しているもの——ビジネスにも経営者にも当てはまる——にしか投資しない。彼は単純に、米国以外のことをそれほど知らないのだ。ただ、ドイツや英国で高い市場シェアを持つジェネラル・リインシュアランス・コーポレーションなどの前例もある。ドイツのミュンヘン・リインシュアランスやフランスの医薬品メーカーであるサノフィの大株主でもあるし、欧州で事業を展開するイスラエルのISCAR・メタルワーキングも10年近く保有している。

もっと大きな理由は、自ら買収する企業を探しに出るのではなく、知り合いからの提案を待つという受け身のやり方だ。そうした戦略を取る場合、ネットワークを海外まで広げなければならない。幸運にもルイスの買収の場合、クップファーベルクがバークシャーの評判を聞き知っており、バフェットも間を取り持つ人物を信用していた。「強制はできません。会社を所有する人が売却を考える理由が必要なのです」というバフェットの言葉がその待ちの姿勢をよく表している。[※13]

・・・・

バークシャーの買収では、買い手と売り手双方に根拠が必要だ。信頼と同じように相互であること大切なのだ。特に信頼はバークシャーの組織としての結束を高めている企業原則と言える。本書はその点をわかりやすく説明する過去の様々な事例を一冊にまとめた内容となっている。※14　4つの部分から構成されており、

Part1では、信頼を基盤とする組織としてのバークシャーの柱を紹介する。人、役割、パートナーシップの慣習、そして経営手法だ。

Part2では、信頼を基盤としたアプローチというレンズを通して、バークシャーモデルの3つの部分に焦点を当てる。契約、取締役会、そして内部統制だ。

Part3では、比較と対比を使ってバークシャーモデルを解明する。対比の対象は物言う株主やプライベート・エクイティ、比較の対象は選別したほかの企業における組織体制だ。

Part4では、バークシャーモデルが抱える課題とその解決方法について考える。信

頼することに伴う過ちのリスク、信頼しないことに伴う過ちのリスク、一般大衆がバークシャーに対して抱く印象に付随する問題などが含まれる。

より具体的に説明する。

Ｃｈａｐｔｅｒ１では各プレイヤー――経営幹部、取締役、株主、子会社の経営者――と彼らのバークシャーにおける役割を紹介する。実質的な創業者であり、１９７０年から会長兼ＣＥＯを務め、さらに支配株主でもあるバフェットを中心としたガバナンス構造の中で、彼らはそれぞれの役割を果たしている。

バークシャーの正規のガバナンスはバフェット自薦の取締役――友人や家族――が主導して行っている。彼らは経営の監督者というよりむしろ、株主の信頼できる財産管理人としての自分たちの役割に誇りを持っている。バークシャーの株主は、同社特有の経営手法を受け入れている。バフェットを中心とした経営チーム――賢明で厳格なチャーリー・マンガーから頭脳明晰《めいせき》で経験豊富な次世代の後継者であるグレッグ・アベルとアジット・ジェインまで――のことを信頼しているのだ。

Ｃｈａｐｔｅｒ２ではバークシャーを定義し、プレイヤーを結束させているパートナーシップの慣習について説明する。バフェットはバークシャーを「パートナーシップ（複数の個人が共同で出資し、共同で事業を営む組織）」と見なしており、「私たちは株式会社という形態を採用していますが、経営姿勢としてはパートナーシップです」と述べている。

パートナーシップの本質は信頼だ。そうした姿勢はバフェットのキャリアの出発点からの名残でもある。彼はバークシャーを買収した1965年にはバフェット・パートナーシップ・リミテッドという投資組合を運営しており、ファースト・マンハッタンのデイヴィッド・S・（サンディ）・ゴッテスマンなど現在の多くの株主はその時代からの人たちだ。

バークシャーがこれほど巨大化したにもかかわらず、バフェットはパートナーシップの精神を変わらずに持ち続けている。質の高い株主への手紙を書き、年次株主総会では趣向を凝らし、慈善寄付や配当政策などに関しては株主の声に耳を傾けている。大多数の株主もバフェットのそうした努力に応え、事業に関心を持って積極的に関与し、情報収集に努め、バークシャー株に集中投資し、長期的に保有している。短期のトレーダーやパッシブ投資家は比較的少なく、企業オーナーやパートナーのように振る舞うのだ。

Ｃｈａｐｔｅｒ３では経営手法について説明する。バークシャーは数多くの買収と投資を経ながら半世紀以上もの年月をかけて規模を拡大し、いまでは時価総額５０００億ドルのコングロマリットへと成長した。同社は金融機関から融資を受けたり、買収候補を仲介業者に探してもらったり、投資銀行に助言を求めたりすることはめったにない。

バークシャーは企業を買収した後には、その企業の経営陣に全権限を与え、親会社の人材を介入させることなく経営を任せる。だからこそ、買収する企業には信頼できる経営陣が必要なのだ。分権化モデルを採用し、通常の米国企業にありがちな階層的な内部統制のプロトコル（手順や規約）はなく、代わりに信頼を基盤としたスチュワードシップ（株主の資産を責任を持って運用する）の文化を植え付ける。

こうしたやり方は、金融仲介業者をあまり信頼していないことの裏返しでもある。そして何より、子会社を自立させた方がうまくいくと確信しているのだ。

ロナルド・レーガンがソ連との交渉において、「信ぜよ、されど確認せよ」と述べたことは有名だ。バフェットも愚かではなく、信頼と確認のバランスの必要性については認識している。それでも買収契約、取締役会、社内問題といった重大な場面で、バークシャーはほかの企業よりも圧倒的に信頼を重視している。

Ｃｈａｐｔｅｒ４では、企業を買収する際に信頼が果たす中心的な役割について見ていく。米国企業は一般的に形式化された法的な契約を好む一方、バフェットは握手とシンプルな非公式の契約を好む。バークシャーの初期のころと最近の買収・雇用契約の一部にこうした好みがよく表れている。法律の字義は買収の精神と大きく異なっているのだ。

Ｃｈａｐｔｅｒ５ではバフェットの取締役としての幅広い経験を基に、あらゆる取締役が従うべき原則を紹介する。第一の原則は、残りのすべての原則を合わせたくらい圧倒的に重要だ。優秀で信頼できるＣＥＯを選び、その人物の経営に口を挟んではならないということだ。さらに取締役は自分たちが、ただひとりの不在オーナー（株主）を代表している代理人であると感じられるときに最良の経営者となり、最も信頼できるということも非常に大切なアドバイスだ。

Ｃｈａｐｔｅｒ６は、信頼を基盤とした企業文化と指揮・統制の企業文化との比較について考えていく。企業が比較的小規模の方が信頼を基盤とした文化はうまくいく傾向にあり、規模が大きくなった場合には、分権と分割によって信頼を基盤とした文化を継続することが容易になる。バークシャーはバフェットが「株主重視」と呼ぶ文化を目指しており、それは報酬などのインセンティブによって育まれる。

Part3では、バークシャーのビジネスモデルをそのほかのモデルと対比させ、さらに同様のアプローチを取るいくつかの企業と比較することで、バークシャーに対する理解を深めていく。

Chapter7ではほかのモデル、特に株主アクティビズムやプライベート・エクイティ（PE）と対比させる。物言う株主は企業に対して敵対的な傾向にあり、信頼を損ねることも多い。対照的に、バフェットは投資家として協力的に関与し、信頼を構築することを好んできた。1980年代の「白馬の従者（敵対的買収を仕掛けられた企業を救うために、同社の株式を一部取得する第三者）」としての投資から、2008年の最後の資金提供者としての投資まで、経営者はバフェットが信頼できる投資家であることを知っており、その見返りとして有利な条件を提供するのだ。

PEは投資モデルとしてはバークシャーとことごとく対照的だ。金融仲介業者に極度に依存しながら借入金を活用し、信頼は全く考慮しない。買収した企業の経営には隅から隅まで介入し、信頼を基盤とせずに従属を求める。また、可能な限り早期のエグジット（資金回収）の機会を求め、長期的な価値を信頼せず、買収した企業は必ず売却する。

Chapter8では、バークシャーを組織形態が似ているほかの企業、特に保険会社やコングロマリットと比較する。それぞれが自分たちのニーズに合わせながら、バークシャーモデルの一部を取り入れているユニークな企業だ。業種や業態は多種多様だが、組織をまとめる原則として信頼を重視する点では共通している。

Part4では、信頼を基盤としたモデルが直面する課題について解説する。

Chapter9はその代表的なリスク、つまり一部の人を信頼しすぎる一方、そのほかの人たちをあまりに信頼しないことによって起こる問題だ。信頼すべきでない経営幹部を信頼することが、信頼を基盤とする組織が抱える最大のリスクであり、バークシャーもそうした失敗を何度か繰り返した。

加えて、外部のコンサルタントを信頼しないことに伴うリスクもある。バークシャーは一般的なデューデリジェンスを行っていれば見つけられたような単純な欠陥を見落として企業を買収することがあり、そうしたときにそのリスクは顕在化する。要するに、他者への信頼と自立の間の適度なバランスを絶えず探ることが必要なのだ。

Chapter10と11では、企業規模に付随する2つの側面について見ていく。バークシャーのように巨大で雑多な事業を抱える企業は、どんなに内部で小さな事業単位に分割されていても、大衆やメディアの目にはゴリアテ（旧約聖書に登場する巨人兵士）のように映るため、個々の子会社にも非常に大きな関心が集まるということだ。そうした大衆の厳しい目に対して、それぞれの子会社がいかに対応すべきかについては、いろいろと学ぶべきことがある。

Chapter11で扱う二番目の側面はより一般的なことだ。米国の一般大衆は——おそらく正当な理由から——歴史的に大企業に対して懐疑的であり、コングロマリットの形態を持つ企業にとっては対処すべき課題となる。バークシャーより小さなコングロマリットであっても同じことだ。そうした大衆の懐疑の視線は、自立と分権のアプローチを重視することである程度、回避することができる。

Chapter12では、後継者選定において信頼の果たす役割について見ていく。バークシャーの後継者プランはバフェットの役割の多さから、想像し得る限り最も複雑なものとなっている。彼はCEO、取締役会会長、最高投資責任者、支配株主としての役割を果たしており、それぞれの役割を引き継ぐ複数の後継者を選定している。慎重に計画しているものの、引き継ぎが成功するかどうかは信頼、特に株主がバークシャーのビジネスモデルを信頼し続けるかどうかにかかっている。

エピローグでは、信頼を裏切った人物に対するバフェットの容赦ない処分に焦点を当て、劇的に締めくくる。もし信頼がバークシャーのビジネスモデルのアメとしたならば、無慈悲とも言える処分はその鞭《むち》だ。同社の信頼を基盤としたモデルでは、子会社の経営者は独立した経営ができるものの、少しでも失望させる行動を取れば容赦しないという厳しい警告をバフェットは加えている。思わず背筋が凍るような調子で言い放った、彼の次の言葉は有名だ。「会社のために働いた結果、損失を出すことには理解を示します。ただ、会社の評判を少しでも損ねたとしたら、私は決して容赦しません」[※15]。

２０１１年にバークシャーの幹部のひとり、デイヴィッド・ソコルの不正に対して取られた対応を見ればその鞭の無慈悲さがわかる。株式売買のテクニカルな問題にからむ彼の違反はささいなものだったが、最終的に大きな代償――大衆の耳目が集まる中での実質的な解任――を払うことになった。司法当局が立件を断念した一方で、バークシャーはその事件を取締役や社員に対する見せしめとしたのだ。

ある意味において、バークシャー・ハサウェイは複雑だ。あまりにも豊かなその企業文化を、我々は冗談まじりで土星の環の不可思議さに喩《たと》えてきた。ただ、バリュー投資の広大な平野が突き詰めるとたった3つの単語、「margin of safety（安全域）」でまとめられるように、バークシャーの豊穣な経営哲学も「margin of trust（信頼域）」という3つの単語に集約される。我々はこのシンプルな考え方が、米国のあらゆる経営者と株主に有益な知見を与えてくれると信じている。

・
・
・
・

Part
I

組織マネジメントの掟

Chapter ❶

プレイヤー――さびれた繊維会社を世界一の投資会社に変身させる

1956年、当時26歳だったウォーレン・バフェットは企業の買収や株式取得を目的として、投資事業組合であるバフェット・パートナーシップ・リミテッド（BPL）を設立した。1965年には経営難にあえいでいた繊維会社、バークシャー・ハサウェイの支配権を獲得。それから間もなく解散することとなり、バークシャーの株式はBPLのパートナーの間で出資割合に応じて分配された。

今日のバークシャー・ハサウェイが誕生したのはこうした経緯だ。その後、同社は保険、製造業、金融、新聞など様々な企業の株式を取得していく。組織がパートナーシップから株式会社の形態に移行した後も、バフェットはパートナーシップ時代の感覚を大事にした。同社の「オーナーズ・マニュアル（株主に関する企業原則）」に書かれている15の企業理念の1番目に、そうした思いが込められている。

「私たちは株式会社という形態を採用していますが、経営姿勢としてはパートナーシップです」

バークシャーは所有と経営が分離し、エージェンシー・コスト（株主と経営者の間で利害対立が生じることで発生する費用）が発生する通常の上場会社とは異なり、バフェットが1965年からずっと支配株主の立場にいる。[※1]当初は45パーセントもの議決権と経済的利益を保有していたものの、慈善活動への寄付を目的として2000年代初頭から定期的に株式を譲渡したため、彼の持ち分は徐々に下がっている。

独立した取締役会による厳しい監督など、上場企業にはエージェンシー・コストの発生を抑えるための仕組みが必要とされているものの、バークシャーにはそうした仕組みは必要なかった。支配株主の存在は少数株主に別の形の不利益をもたらす可能性もあるが、バフェットはそうした不利益が発生することも回避してきた。

1970年以降、バフェットはバークシャーにおいて唯一無二のCEO兼取締役会会長だった。ひとりの人物がそれほど長く、そうした役職にとどまるのは異例のことだ。現在、ほとんどの会社でCEOの在任期間はずっと短い。この長い在任期間のおかげで、バークシャーは骨の髄までバフェット色に染まることとなる。

幹部職員の年齢や取締役の在任期間に制限を設けることを支持する会社や専門家もいるが、バークシャーの株主はバフェットがCEOと会長に長くとどまってくれているおかげで、これまで大きな利益を得ている。

バフェットのパートナーシップ的な経営とはつまり、深い信頼に基づいた経営だ。バークシャーの基本的な企業理念をしたためた「オーナーズ・マニュアル」では、「私たちは会社を事業資産の最終的な所有者と見ていませんが、株主がその資産を所有しているのであり、会社は単なるその仲介役にすぎないと見ています」と述べている。まさに「急進的」な考え方と言っても支障はないと思うが、バークシャーの実態を非常によく表している。[※2]

バフェットは株主をバークシャーの所有者と見なしているが、会社法の定めでは株主は単に会社の株主資本――資産から負債を差し引いた後に残る残余持分――の一部を所有しているにすぎない。バフェットはパートナーシップの考え方を拡張して、経営者を株主資本の管財人と見なし、法律で定められているよりも大きな責務を引き受けている。ベンジャミン・カードーゾ（米国の元連邦最高裁判所判事）の表現を借りれば、パートナーはお互いに対して「最も慎重を要する徹底した道義心」を負うのだ。[※3]

そうした崇高なレベルの責務を追い求める中で、バフェットは自分がもし逆の立場だったらこうしてもらいたいと思うやり方で、バークシャーの株主をもてなす。例えば、開示情報で誠実に経営判断について説明し、過ちがあれば認め、企業文化を形作った出来事を挙げる。いずれもCEOではなく、対等なパートナーとしてのスタイルをとっているのだ。[※4]

バフェットがバークシャーの株主に対して言葉を書くときはコミュニケーションの専門

家を間に挟まず、毎年開かれる株主総会では最長6時間、株主からの質問に休むことなく応対する。

バークシャーのビジネスモデルと信頼を重視したやり方に賛同してくれる株主や事業者だけを集めたいからこそ、あえてそうした方針と説明の仕方を採用しているのだ。

■ナンバー2：マンガー

1960年代から一番の親友かつビジネスパートナーとしてバフェットを支えてきたのがチャールズ・T・マンガーだ。彼は1978年にバークシャーの取締役会副会長に就任した。バフェットはマンガーの存在が長きにわたって、とてつもない価値――数十億ドル相当――をもたらしてくれたと公言している。バフェットの知的パートナーかつ信頼できる腹心として、マンガーはふるいの役割を果たしている。もし彼が反対すれば、バークシャーは通常その提案を実行には移さない。

ふたりは信頼が事業活動において極めて重要だという信念を共有しており、それが強固な関係の土台になっている。誠実であること、約束を守ることなどを共に重視していることが、関係がうまくいく理由の1つとなっているのだ。

また、気質や態度、ビジョンなどの面でお互いの才能を補完し合えることも、ふたりの強固な関係を支えている。互いの果たす役割は異なるものの、そうした形でチームとしてうまくいくケースは意外と多い。典型的な例を挙げると、キャピタル・シティーズ／ABCにおけるトーマス・S・マーフィーとダニエル・B・バーク、ウォルト・ディズニー・カンパニーにおけるマイケル・D・アイズナーとフランクリン・B・ウェルズなどだ。

アイズナーは著書『Working Together』において、ウェルズと共に働いたことで「1+1=3」になることを教えられたと述べている。[※5] バークシャーとその傘下の子会社は、リーダーがふたりいることのメリットをよく理解している。最近では、バークシャーが将来に備えてふたりの古参幹部を副会長として取締役に昇進させている。

■副会長：アベルとジェイン

後継者育成の一環として、バークシャーの取締役会は2018年、古参幹部であるグレゴリー・E・アベルとアジット・ジェインを副会長に選任した。ジェインは1986年に保険事業の幹部として採用された。保険業界は初めてだったが、新たに超高額医療保険市場を開拓したほか、革新的な商品を提供しつつ、引き受け業務の規律を保ち、すぐに頭角を現した。副会長として、彼はバークシャーのすべての保険事業を管掌している。

保険以外の事業をすべて任せられているアベルは、ミッド・アメリカン・エナジー（現在のバークシャー・ハサウェイ・エナジー）の買収を機に、1999年にバークシャーに入社した。資本配分や買収などにおいて卓越した手腕を発揮し、同社の自立と分権の原則に対する理解を示してきた。エネルギー事業を年間売上高250億ドル、従業員2万3000人の規模にまで成長させたものの、本社のスタッフは25人程度と少数精鋭を維持している。

■取締役会

バフェットは支配株主の立場を利用して、当初から取締役会のメンバーを指名・選任することができた。その間に、バークシャーの取締役会はいまの典型的な上場企業とは全く異なる特徴を備えるようになる。初期のころから、亡くなった妻スーザンや親しい友人が取締役会のメンバーを務め、1993年以降は息子のハワード・G・バフェットも加わった。1980年代に始まったコーポレート・ガバナンス改革以前に米国で見られた昔ながらの諮問委員会の形式（いまでは採用している企業はほとんどない）を変わらず維持している。※6

1990年代以降、コーポレート・ガバナンスの規則と規範では、経営の監督が取締役会の最も重要な役割として見られるようになっている。つまり、独立した取締役――執行任務を持たない権限のある会長であることが多い――や（ガバナンス、取締役指名、ＣＥＯの評価などを行う）複数の強力な委員会の設置を求めており、いずれも精巧に作り上げられた内部統制システムを監督する役割を担う。

理論的には、取締役会が株主のための監督を強化し、機関投資家協議会や株主助言サービスなどの株主擁護団体が二重の監督を行う。エージェンシー・コストの抑制を目的としたこうした体制は、信頼の欠如に端を発するものだ。効果的な場合もあるものの、そうした体制は「エージェントがエージェントを監督する」といった、なあなあな状況を生み出すリスクをはらみ、バークシャーでは官僚制度と呼ばれている。ほかのメリットが何であれ、バークシャーにはそうした階層は存在せず、同社の取締役会は監督機関とは分類されない。[※7]

バークシャーの取締役会は必須とされる委員会や独立性、専門性に関する法的な要件は忠実に守っている。例えば、監査委員会にはバフェットは参加していない。ＣＥＯとして「独立」した立場にあるとは見なされないからだ。監査委員会には少なくともひとり、財務に精通したメンバーを加え、法的に定められた内部監査機能を監督する。バークシャーはこれまで、数多くの社外取締役――従業員ではなく、直接的なビジネス上の関係も持たない――を迎え入れてきた。

ただ実際は全員、バフェットが選抜したメンバーであり、プライベート、もしくは仕事で彼とつながりのある人物ばかりだ。誠実さ、実務能力、株主重視の姿勢、バークシャーへの関心などを理由に選ばれ、社会的な地位を基準に選ばれているわけではない。実際、取締役の半数は65歳を超えており、ほとんどがバークシャーに10年以上仕えている。一部の株主擁護団体が支持するような、年齢や在任期間に制限を設ける体制からは完全に逸脱している。

さらに、バークシャーの取締役は同社の株式を――多くはかなりの数を――保有している。彼らは全員、公開市場で現金を払って株式を購入しており、米国企業で一般的な報酬プランによって付与されたわけではない。同社は取締役に1回の会議ごとに1000ドルほどの手当てを払っているが、同様の規模の会社では通常、そうした手当ては年間25万ドルほどにもなる。最も規模の小さな企業でも6ケタ（10万ドル）くらいは払う。[※8]

バークシャーは役員賠償責任保険（取締役の業務遂行に起因した損害賠償請求をカバーする保険）に加入しておらず、いかに取締役に対する信頼が厚いのかを如実に表している。米国の企業ではほとんど耳にしたことがなく、会社、もしくはバフェットが個人的にすべての損失をカバーすると考えない限り、あり得ないことだ。

バークシャーの主な親会社としての活動は資本を蓄積し、配分することで、買収も頻繁に行っている。一般的な企業では、ＣＥＯが買収プログラムを作成して具体的なプランを取締役会に提案、取締役会はディールの条件を吟味した上で資金調達を承認する。この場合の取締役会の役割はまさに、経営者の権力の監視だ。

ところがバークシャーでは全く異なる。そのおかげで、バフェットは取締役会が事前に介入することで逃しかねない機会を逃さないで済む。[※9] バークシャーの取締役も我々と同じように、バフェットの買収哲学を熟知している。大規模な案件の場合はコンセプトの面で前もって協議することもあるが、取締役会がバリュエーションやストラクチャー、資金調達に関して口を挟むことはなく、具体的な案件を承認することもない。ほんの少しの例外を除いて、正式に発表されて初めて買収について知ることになるのだ。

バークシャーでは年に2回、定期的な取締役会を開催する。フォーチュン５００の企業では年に8〜12回ほど開催する企業が多く、それに比べればかなり少ない回数だ。形式の上では一般的な企業のやり方を踏襲しており、ここ数十年の間は、後継者プランがほぼ毎回の会議で議論されている。

取締役会の前に、各メンバーはバークシャーの内部監査チームから報告書を受け取る。春の取締役会は5月に開催される年次株主総会と同じタイミングで開かれる。取締役は数日間をオマハで過ごし、幹部社員や子会社の経営者、株主と交流する。何人かのCEOがプレゼンを行い、取締役やほかの傘下企業のトップとアイデアを交換する。

同社の取締役であるスーザン・デッカーによると、取締役メンバーはバークシャー流の会議や参加イベントを通して、バークシャーの「企業文化がしっかりと植えつけられる」と言う。シニシスト（冷笑主義者）であれば、そうした環境は構造的バイアスを促すものであり、コーポレート・ガバナンスの擁護者が称える第三者による独立した判断を損なうと言うかもしれない。※10 ただ、取締役を企業文化にどっぷりと浸からせることによって、コーポレート・ガバナンスにつきもののヒエラルキーを排し、取締役は株主の立場になることができる。

現代のコーポレート・ガバナンスの制度は信頼に対して懐疑的で、取締役会をCEOから独立した外部識者だけで固めるべきだと主張する。バークシャーの取締役会はルールには従っているものの、全くそうした形態をとっていない。バフェットの亡くなった妻だけではなく、息子のハワードが1993年から、一番の親友であるチャーリー・マンガーが1978年から、オマハの実業家であるウォルター・スコット・ジュニアが1988年から、マンガー・トールズ&オルソンのパートナーであるロナルド・L・オルソンが1997年から取締役メンバーに加わっている。バークシャーは買収などの法律業務で広範囲に

表1·1｜現在のバークシャーの取締役

氏名	生誕年	選任年	関係	役職
ウォーレン・E・バフェット	1930年	1965年	創業者	会長兼CEO
チャールズ・T・マンガー	1924年	1978年	パートナー	副会長
ウォルター・スコット・ジュニア	1931年	1988年	友人	
ハワード・G・バフェット	1954年	1993年	息子	
ロナルド・L・オルソン	1941年	1997年	弁護士	
デイヴィッド・S・ゴッテスマン	1926年	2003年	友人	
トーマス・S・マーフィー	1925年	2003年	友人	
シャーロット・ガイマン	1956年	2003年		
ウィリアム・H・ゲイツ3世	1955年	2004年	友人	
スーザン・L・デッカー	1962年	2007年		
スティーブン・B・バーク	1958年	2009年		
メリル・B・ウィットマー	1962年	2013年	株主	
アジット・ジェイン	1951年	2018年	幹部社員	副会長
グレゴリー・E・アベル	1962年	2018年	幹部社員	副会長

わたってオルソンの法律事務所を利用している。

２００３年と２００４年には取締役会の人数を増やし、古くからのビジネス仲間と友人が新たに加わった（表１・１を参照）。バークシャーが大株主となっているコカ・コーラの古参幹部であるドナルド・Ｒ・キーオ、投資先であるキャピタル・シティーズ／ＡＢＣで長くＣＥＯを務めるトーマス・Ｓ・マーフィーなどだ。そのほかにも、ニューヨークの投資家で１９６２年以来の友人であるデイヴィッド・Ｓ・（「サンディ」）・ゴッテスマンやマイクロソフトの創業者で１９９１年からの友人であるウィリアム・（「ビル」）・Ｈ・ゲイツ３世らの名前が並んでいる。

取締役の中で、バークシャーの株式を最も多く保有しているのはゴッテスマンだ。最大3パーセントの株式を数十年にわたって保有しており、彼と彼の会社のポートフォリオのおよそ4分の1を占めている。2番目の大株主がゲイツで、バフェットが持ち分を譲渡したことを受けて、ビル＆メリンダ・ゲイツ財団と合わせてかなりの株式を保有している。ほかの取締役（特にマーフィーとメリル・ウィットマー）も個人として、かなりの株式を保有している。ジェインも取締役と副会長に選任された後、およそ2000万ドルもの株式を現金で取得したことを公開している。

■ 株主

バークシャーは株主も普通ではない。彼らもパートナーシップという考えを受け入れているのだ。自分たちこそが企業のオーナーであると信じ、バークシャーに法人格や監督機関、官僚制度、ヒエラルキーがないことを好意的に受け止めている。上場企業の株主というよりは、非上場企業のパートナーに似ており、相互に対する信頼が彼らを強く結びつけている。

バークシャーの株主はどのような点が特別なのだろうか？

まず最初に言えるのは、同社の株主がいまだに機関投資家ではなく個人投資家で占められているということだ。1965年時点では、個人が米国企業の株式の8割を保有し、機関投資家の保有率はわずか2割だった。大企業に関しては、今日ではその数字が逆転してしまった。[※11]

それとは対照的に、バークシャーではその比率が1965年当時からほぼ変わらないのだ。慈善団体への譲渡を通じて、もはや完全に支配しているとは言えないものの、バフェット個人の保有割合は依然として高い。バフェットの持ち分を含めると、個人投資家が同社の経済的利益と議決権のおよそ4割を占めており、ほかの米国企業と比べると機関投資家の重要性がはるかに小さい。

現在の大企業においては、絶えず入れ替わる顔の見えない巨大機関投資家の保有割合が大きく（5パーセント超）、彼らを合わせると影響力の面でほかの投資家を圧倒している。

一方、バークシャーではクラスA株式（議決権が多い株式）を5パーセント超保有しているのはバフェットだけで、巨大機関投資家で5パーセント近く保有しているのはフィデリティーだけだ。

クラスB株式（議決権が少ない株式）に関しては、何社かの機関投資家の保有割合が5パーセントを超えており、すべての機関投資家を合わせると2割を超える。ただ、クラスB株式は議決権が少ないため、５パーセント未満の影響力しかない。彼らの投資理由は形式的なものだ。ブラックロック、ステート・ストリート、バンガードはＳ＆Ｐ５００に連動するインデックスファンドを運用しており、バークシャーのクラスＢ株式を保有せざるを得ないのだ（バークシャーが種類株式を採用している理由については、Ｃｈａｐｔｅｒ２で詳しく説明する）。

バークシャーにとってより重要な機関投資家はブティック型の投資会社であり、彼らは数十年にわたって株式を保有している。彼らの評判はバークシャーのアイデンティティと分かち難く結びついており、多くは一族の資産を運用している会社だ。１９７０年代以降、デイヴィス・ファンズ、ファースト・マンハッタン、セコイア・ファンドなどが投資しており、すべてバフェットの友人やバークシャーの熱狂的な支持者が運営している会社だ。

１９８０年代以降、エイクル・キャピタル・マネジメント、ガードナー・ルッソ＆ガードナー、マーケル・コーポレーションなどの著名バリュー投資家も大株主の列に加わった。

米国のほとんどの資本は財団や年金基金など、運用パフォーマンスが税引き前で測定される機関や課税を免除されている機関によって管理されている。一方で、取締役や経営幹部を含め、バークシャーの株主はほとんど税金を払っており、税への意識が高い。

こうした違いがバークシャーの配当に対するこれまでの姿勢に見て取れる。ほとんどの上場企業は投資家が喜ぶ配当を支払う。一方で、バークシャーは1967年以降、一度も配当を支払ったことがない。2014年には、株主は圧倒的多数で配当の支払いを否決している。

その理由の一つは、バークシャーがこれまで稼いだ利益を再投資することで、相応の利益を上げてきたという実績にある。同様に重要なのは、配当がほとんどの株主の課税所得の増加につながるからだ。バークシャーがそのまま利益を再投資することで、税引き後で見たリターンが大きくなるのだ。初期のころは特にその影響が大きく、企業規模が拡大したいまでもその影響は無視できない。年月を重ねることで、資本は複利で雪だるま式に大きく膨らんでいき、配当を払っていた場合と比べてますます大きな富を株主にもたらすことになる。

機関投資家はリスク分散を目的として、少数の企業にポートフォリオを集中させることを避ける傾向にある。例えば、保有銘柄を公開している投資家のうち、アップルやエクソンモービル、ウォルマートなど代表的な米国企業の上位100人の株主の中で、ポートフォリオの5パーセント以上を1つの企業に投資している投資家はほとんどいない。

対照的に、バークシャーの株主の多くは同社株に集中投資している。例を挙げると、バフェットやそのほかの著名な個人投資家、ブティック型の投資会社を含めて、資産を公開しているクラスA株の上位100人の株主の半数が、ポートフォリオの5パーセント以上をバークシャー株に投資している。クラスB株の大株主を見ると、それ以上の数の投資家が同社株へ集中投資している。

実際、バークシャー株の多くは同社をポートフォリオの核としている投資家が保有している。多くはポートフォリオの3パーセント以上をバークシャー株に投資しており、これはほかの上場企業ではあり得ないことだ。[※12]

いまの機関投資家は投資先企業の経営陣に対し、子会社を切り離して1つの事業に集中するよう要求することが少なくない。バークシャーの買収モデルや子会社を永久に保有し続ける姿勢とは正反対だ。バークシャーの株主は多様かつ永続的なコングロマリットの形態を受け入れている。同社では子会社の売却はめったに行われない。永続的な関係こそが互いの信頼を醸成し、一時的な関係性は信頼を損なうだけだと彼らは考えている。

少なくとも1993年以降、バフェットは一般投資家には彼のように個別銘柄を選別するのではなく、インデックスファンドに投資するよう助言している。[※13]一方で、少なくとも1979年以降、バークシャーの株主に対してはインデックス投資をするのではなく、自分のように同社株へ継続的に積み立て投資することを強く推奨してきた。[※14]半世紀以上もの間、バフェットはバークシャーを理解する忠誠心と知性を兼ね備えた株主だけを惹きつけるよう意識して努めてきたのだ。

彼らはエンゲージメントの高い投資家と言える。バークシャーの年次報告書を丹念に読み込み、株主総会にも大挙して出席する。いずれも米国では珍しい現象だ。彼らは分析的で長期的な投資家なのだ。数百人の裕福な個人や数千もの由緒ある一族も含まれており、バフェットやゴッテスマンに加えて、ホーマーとノートンのダッジ夫妻（初期の投資家）、スチュワート・ホレジシ（1980年に4300株を取得）、バーナード・サーナット（ベンジャミン・グレアムの義理のいとこ）、ウォルター・スコット・ジュニア（バークシャーの取締役でもある）など多くのビリオネアが名を連ねる。※15

バークシャーの子会社の創業者や経営幹部たちもビジネスで財を成しており、何人かはフォーブス400（フォーブスが選んだ米国で最も裕福な400人）にも顔を出している。デクスター・シューのハロルド・アルフォンド、クレイトン・ホームズのジム・クレイトン、RCウィリー・ホーム・ファニシングズのウィリアム・チャイルド、パンパード・シェフのドリス・クリストファー、ヘルツバーグ・ダイアモンズのバーネット・ヘルツバーグ・ジュニア、ビジネス・ワイヤのロリー・I・ロウキー、マクレーン・カンパニーのドレイトン・マクレーン、マーモン・グループのジェイとロバートのプリツカー兄弟、ネットジェッツのリチャード・サントゥリ、フライト・セーフティの故アル・ウエルッチ、ISCAR／IMC・カンパニーズのステフ・ワートハイマーなどがビリオネア、もしくはそれに準ずる財を成している。

バークシャーの古くからの株主で作家でもあるアンドリュー（「アンディー」）・キルパトリックは、バークシャーの歴史を紐解いた『Of Permanent Value』の中で取り上げるために、バークシャーの株主を調べている[※16]。彼の豊富な資料の一部と我々自身の知識の範囲で、バークシャーの株主を表にまとめてみた。著名な投資家やアスリート、政治家、作家、ミュージシャン、企業幹部、教授などが含まれているのがわかる。ほかの企業ではおそらく見られない豪華絢爛な顔ぶれだ。

バークシャーの中身の濃い長期投資家リストに目を通すと、米国において最も著名な投資家や投資会社が名を連ねているのがわかる。その中には株式を10～40年もの間、大量に保有し続けている株主も含まれている。

■経営者

バークシャーは信頼できる経営者を見つけると、彼らに経営を任せる。一般的なほとんどの会社では、企業のタスクは中央集権化される傾向にある。部長や課長などの中間管理職がいて、上司への報告があり、予算や人事に関する組織的な方針があり、業務手続きと慣習の入り組んだ制度ができ上がっている。効果的な経営の監督という名目の下に、そうした制度が間接費用を膨らませている。

対照的に、財務報告と内部監査を除いて、バークシャーには企業において不可欠と見なされているそれらの慣習はなく、むしろそのほとんどを官僚的で無駄な作業と見なしている。バークシャーでは、あらゆる社内の事柄を子会社の判断に委ねている。親会社の間接費用はごくわずかであり、職員もたった二十数人程度だ。それぞれの子会社が予算、業務執行、人事に関する各自のプログラムと方針を持っている。財務やコンプライアンス、法務、マーケティング、テクノロジーなどの一般的な各部門に関してもそれは同じだ。

こうした分権的な姿勢は経営においても一貫しており、子会社の経営に親会社が口を出すことはない。バークシャーでは親会社はほとんど管理することなく、業務にかかわる責任を可能な限り子会社のCEOに委ねている。これは広告予算、製品の特徴、環境品質、製

表1·2｜バークシャーの著名な個人投資家の一部

Sid Bass Sen. Orrin Hatch Sen. Jay Rockefeller
Billy Beane LeBron James Alex Rodriguez
Sen. John Barrasso Shawn Jefferson Rep. Paul Ryan
Franklin Otis Booth Jr. Sen. Bob Kerrey Paul Samuelson
George W. Brumley III Billie Jean King Richard Scylla
Jimmy Buffett Ted Koppel Don Shula
Rep. David Camp Ann Landers George Soros
Glenn Close George Lucas Candy Spelling
Lester Crown Archie MacAllaster Roger Staubach
Barry Diller Forrest Mars Jr. Ben Stein
Sen. Dick Durbin Newton Minow Bill Tilley
Harvey Eisen Andy Musser Prem Watsa
Charles D. Ellis Sen. Bob Nelson Byron Wein
Marvin Hamlish Rep. Tom Osborne Dirk Ziff

品構成、価格付けなど、あらゆる日常の決断に関して言えることだ。

同じことが採用や販売計画、在庫管理、売掛金管理などにも言え、あらゆる上級職の引き継ぎに関する決断さえも、それぞれの子会社に委ねられている。非常に珍しいことだが、CEOの後継者を選ぶ際もそれは同じだ。バークシャーでは子会社間で事業移転することはなく、たまに経営幹部の人事交流があるくらいだ。[※17] 退職制度もないため、多くのCEOは70代や80代になっても働き続けている。

バフェットから子会社のCEOに2年に一度送られる手紙の中だけに、唯一の例外が垣間見える。手紙の中には、バークシャーの子会社としてCEOに義務付けられていることが書かれているのだ：(1)バークシャーの評判

表1·3｜バークシャーの良質な機関投資家の一部

AKO Capital
Akre Capital
Allen Holding Inc.
Aristotle Capital
Arlington Value Capital
Atlanta Capital Investment
Baillie Gifford & Co.
Baldwin Investment
Barrow Hanley
Beck, Mack & Oliver
Boulder Investment Advisers
Bridges Investment
Broad Run
Brown Brothers Harriman
Budros Ruhlin & Roe
Burgundy Capital
Check Capital
Clarkston Financial
Consulta Ltd.
Cortland Advisors
Davis Selected Advisors
Douglass Winthrop
Eagle Capital
E. S. Barr
Everett Harris & Co.
Fairholme Capital
Fiduciary Management
Findlay Park
First Manhattan
Flossbach von Storch
Fort Washington Investment Advisors
Gardner Russo & Gardner
Giverny Capital
Greylin Investment
Hartford Funds
Hartline Investment
Henry H. Armstrong Associates
Hikari Tsushin
Jackson National Asset Management
Jolley Asset Management
Klingenstein Fields
Lafayette Investments
Lee, Danner & Bass
London Company of Virginia
Lourd Capital
Mackenzie Investments
Mar Vista
Markel Corporation
Mraz, Amerine & Associates
Neuberger Berman
Punch Card Capital
Robotti & Company
Ruane, Cunniff & Goldfarb
Sleep, Zakaria & Co.
Smead Capital
Speece Thorson Capital
Sprucegrove Investment
Stearns Financial Services
Timucuan Asset Management
Tweedy, Browne
Wallace Capital
Water Street Capital
Wedgewood Partners
Weitz Investments
WhaleRock Point
Wintergreen Advisers

に傷をつけない(2)悪いニュースは早めに知らせる(3)退職後給付の変更と大きな資本支出（買収など）に関しては話し合いを持つ(4)50年のスパンで計画する(5)買収の機会があれば本社に伝える(6)後継者の推薦を文書で提出する。※18

子会社のCEOには後継者の指名が義務付けられている。引き継ぎがほとんどの子会社で滞りなく行われるのはそのためだ。例えば、ミッド・アメリカン・エナジーのデイヴィッド・ソコルが急きょ辞任した2011年の緊急事態でも、同社の有能な古参幹部だったアベルがすぐにバトンを引き継ぎ、課題山積だった会社を一新して、バークシャー・ハサウェイ・エナジーとして生まれ変わらせた。そのミニコングロマリットがいまでは、米国全土に広がる広大な不動産代理店ネットワークを運営している。

我々はChapter9で、バークシャーの子会社の後継をめぐる問題をいくつか扱っているものの、それは限られた例外だ。CEOが変わるたびに、多くの子会社では前任者が夢にすら見なかった成長を成し遂げる。クレイトン・ホームズやジョーダンズ・ファニチャー、ジャスティン・ブランズ、マーモン・グループ、マクレーン、RCウィリーなど、家族経営として始まった子会社でもそうしたケースが見られる。最近でもビジネス・ワイヤ、フルーツ・オブ・ザ・ルーム、ジェネラル・リインシュアランス、ルーブリゾール、マイテック・システムズ、スター・ファニチャーなどの会社で、経営者の引き継ぎが滞りなく行われた。

特にシーズ・キャンディーズ、ガイコ、フライト・セーフティ・インターナショナルの引き継ぎは特筆に値する。

シーズ・キャンディーズはバークシャーが初めて買収した企業の1社で、それまで割安な価格に強くこだわっていたバフェットの投資哲学の変化を象徴する企業でもある。それ以降、彼の投資対象は永続的なフランチャイズ（消費者に必要とされ、代替品がなく、価格規制を受けない商品やサービス）を持つ質の高い企業に変わった。当時CEOだったチャック・ハギンズが2006年まで経営の舵を握った。

バフェットにしては珍しく、後継者にはバークシャーの経営幹部のひとりであるブラッド・キンスラーを指名した。キンスラーは1987年以降、ユニフォームを製造するフェックハイマー・ブラザーズのCEOなど、バークシャーで様々な要職を歴任してきた人物だ。キンスラーはシーズでも卓越した手腕を発揮し、同社の専門店としての品質を維持しながら、販売店舗を米国全土に広げた。

2019年にキンスラーが退任すると、後継者も同じようにほかのバークシャーの子会社から選ぶのがおそらく適切だったのだろう。バークシャー・ハサウェイ・エナジーの幹部だったパット・イーガンが指名された。

ガイコも同様にバフェットとバークシャーの歴史において特別な会社だ。バフェットが初めて徹底的に研究した企業の1社であり、1951年には同社に関する記事を執筆している。バークシャーは1976年にガイコの株式を大量取得し、1995年には完全子会社化した。長らくCEOを務め、2018年に退任したオルザ・M・(「トニー」)・ナイスリーはバークシャーにおける伝説的人物だ。1961年に18歳の若さでガイコに入社、1992年にCEOに就任した。50年以上も同じ会社に勤め続ける経営幹部は多くないが、ナイスリーはそんな稀有な経歴を持っている。

ナイスリーの下でガイコは大きな変貌を遂げた。市場シェアわずか2パーセントと自動車保険業界で取るに足らない存在だったのが、およそ14パーセントのシェアを占める業界大手の一角にまで成長したのだ。その間に保険料収入やフロート、利益はそれぞれ3倍以上に拡大した。

こうした成功にもかかわらず、ナイスリーは決しておごることはなく、自らスポットライトを求めることもなかった。そのスタイルにふさわしく、退任の際もメディアに大々的に報じてもらうことはなかった。バフェットは2018年の株主への手紙の中で彼に敬意を表し、後継者であるビル・ロバーツの才能を褒め称えた。

フライト・セーフティでのCEO交代は、2018年に現職だったブルース・ウィットトマンが亡くなったことがきっかけだった。当時すでに85歳。[※19]ナイスリーと同じく一つの会社でキャリアを全うした人物だ。1961年に会社のナンバー2としてキャリアを始め、2003年に社長兼CEOとなった。

バークシャーは1996年にフライト・セーフティを買収したが、それは両社にとってもバフェットにとってもターニングポイントとなった。バークシャーはそれまでの上場企業の少数株主という立場から、複数の業界にまたがる多くの企業を傘下に収めるコングロマリットへと変貌を始めたのだ。

フライト・セーフティ以降、バークシャーは今日までにおよそ45社を買収した。総額はおよそ1650億ドルにもなる。その間に、株主資本を2750億ドル増やした。1996年以降、バークシャーの1株当たり純資産は2万ドルから20万ドルへ、クラスA株の株価は3万5000ドルから30万ドルへ、時価総額は600億ドルから5000億ドルへ大きく成長した。

バフェットはバークシャーの成功は傘下企業の経営者たちのおかげだと言っている。株主への手紙の中で、バフェットは子会社の経営者たちを称賛し、米国ビジネス界における「オールスター」と名付けた。特にウィットマン、ナイスリー、キンスラーが成し遂げた業績に関しては個別に称えている。彼はバークシャーのCEOたちはいずれも業界トップであり、各自が異なるゲームをプレイしていると強調した。2015年の株主への手紙では次のように書いている。

バークシャーのCEOたちはそれぞれスタイルが異なります。MBAを保有している人がいれば、大学を卒業していない人もいます。予算を立てて規則通りにやる人がいれば、自分の経験と勘に頼ってやる人もいます。私たちのチームはそれぞれが全く違うバッティングスタイルを持つオールスターの野球チームのようなものです。ラインナップの変更はほとんど必要ありません。

バークシャーが採用する分権型のコングロマリットモデルにおいては、子会社においてリーダーシップの引き継ぎがスムーズになされることは非常に大切なことだ。親会社には個々の引き継ぎに介入する潤沢なリソースがなく、後継者プランはそれぞれの子会社の経営者の責任となる。

ウィットマンの後釜にはふたりの幹部が共同CEOの肩書で収まることとなり、それぞれが違う部門のトップを務めた。商業航空部門を率いるのは1996年にフライト・セーフティに入社し、2012年から本社でウィットマンの片腕として働いてきたデイヴィッド・ダヴェンポートで、軍用航空部門を率いるのは2013年に空軍大将を退役して入社し、同様にウイットマンの片腕として働いてきたレイモンド・E・ジョーンズ・ジュニアだ。

ウィットマンが亡くなるまで、フライト・セーフティではCEOの交代は一度しか行われなかった。創業者であるウエルッチが、2003年にウィットマンにバトンを渡したときだけだ。ウィットマンはそれまで何十年も安定した成果を残しており、彼の後継は確実視されていた。1999年に出版した回顧録『The History & Future of Flight Safety International』において、ウエルッチは次のように述べている。

我が社の経営陣は少数精鋭で、非常に優れた業績を上げてきた。そのほとんどはやる気に満ちた若いころに入社し、長きにわたって会社に貢献してくれている。最初に入社してくれた社員のひとりが最も優秀な社員に育ってくれた。エグゼクティブ・バイスプレジデントのウィットマンだ。入社したその日——我々全員にとって非常に良き日——から、彼は私の右腕として働いてくれた。

２００７年の株主への手紙において、バフェットはウィットマンへの引き継ぎは完璧なものだったと称賛している。

バークシャーの子会社のＣＥＯは、ほかにも何人か自伝を書いている。それぞれの本が著者の性格を反映しており、内容はバフェットが示唆するように千差万別だ。

ジム・クレイトンやドリス・クリストファーを含め、自伝を書いたＣＥＯは自分たちの成功の理由を想像力だとする人もいれば、共感力だとする人もいるし、情熱だと言う人もいる。

経営者の個性は千差万別だが、いずれも信頼の重要性を力説している点では一致している。バフェットとバークシャーからの信頼を重視し、自分たちのチームに対しても信頼に足ることを求めている。ウィットマンは「バフェットが私のことを信頼してバークシャーの資金を預けてくれているからこそ、私は自分自身の資金よりもバークシャーの資金をより慎重に扱うのだ」と述べている。[※20]

Chapter ❷

パートナーシップの慣習——株価が30万ドルになるまで

バフェットのパートナーシップの心構えは決して社交辞令ではなく、本心から言っているものだ。会社の方針、株主への手紙、そして年次株主総会の場において、そうした心構えは如実に垣間見える。株主への手紙と株主総会での発言を詳しく見ていく前に、企業としての方針——慈善事業への寄付、配当、経営幹部の報酬——をまず最初に見ていこう。

■企業方針

米国のほとんどの企業では、取締役会や経営幹部が慈善活動への寄付に関して規定を定め、いくら寄付するのか、どの慈善団体に寄付するのかを決めている。バークシャーにおいてはそうしたやり方はタブーであり、取締役会が関与することはなく、株主にどの慈善団体に寄付してほしいのか名前を挙げてもらっている。

株主が参加するバークシャーの慈善寄付プログラムにおいては、取締役会が純利益のうち寄付に回せる金額の上限をあらかじめ承認した上で、それぞれの株主にどの慈善団体に寄付してほしいのかを挙げてもらう。大半の株主がこのプログラムに参加しており、20年間で2億ドルを寄付してきた。[※1]

続いて同社の配当政策だが、1967年にはわずかな配当を支払ったものの、それ以降は一度も配当を出していない。バフェットは繰り返し配当政策について説明しており、再投資に回すことによってわずかでもリターンを得られる限り、利益はすべて社内に留保するというのが基本的な方針だ。一方、多くの会社では利益を投資に回すことで得られる機会を考慮することなく、株主に相談することなく、論理的な理由を説明することもなく配当を支払っている。

バークシャーはこれまでに少なくとも二度（1984年と2014年）、配当政策について正式な議決権行使書を使った投票で株主に賛否を問うている。投票の結果は二度とも同じだった。9割以上という圧倒的多数の株主が、同社の配当方針を支持したのだ。コンサルタントや専門家を雇ってやってもらうケースはあっても、自分たち自身で会社の方針について株主に投票してもらい、賛否を問うCEOはほとんどいない。バークシャーのパートナーシップの心構えをよく表しているケースだ。

また、ほとんどの大手上場会社は定期的に株式分割を行う。株価が一定の水準、例えば

100ドルや500ドルを上回ると、取締役会が1株を2株に分割することを決め、発行済株式数を2倍にして株価を半分にするといった具合だ。流動性を高める目的で行っており、その過程で証券会社や証券取引所などの仲介業者に手数料を支払う。バークシャーはそうした政策を避けることで、仲介業者に支払う手数料を抑えてきた。

バークシャーの株価が目もくらむような水準まで上がっても、株式分割に反対する態度が揺らぐことはなかった。1996年に同社の株価が3万ドルに達した後も、ほとんどの株主は売却する気がさらさらないため、なんとも思わなかった。ただ、現金が必要であったり贈与したいと思ったりしていた何人かの株主は、株価引き下げに対する興味を示した。この時期、バークシャー株の際立ったパフォーマンスは広く知られていたため、まだ保有していない投資家の間で手ごろな価格で取得したいという需要も高まっていた。

そうした需要に応える形で、2社の株式プロモーターがある金融商品を設計した。1口500ドル程度の手ごろな値段で購入できるように価格を設定した、バークシャー株を投資対象とした投資信託だ。バークシャーが議決権と経済的権利を抑えつつ、1株当たり1000ドル程度で取引できる種類株式（クラスB株）を発行したのはそうした経緯だ。その種の投資信託の魅力をなくし、プロモーターに手数料を吸い上げられないようにしたかったのだ。

クラスB株の発行は、ほかにもメリットをもたらしている。例えば、2010年にはクラスA株が10万ドルに達した一方、クラスB株も3000ドルを超えた。その年、バークシャーはBNSF鉄道を買収し、その対価の一部に自社株を使った。BNSF鉄道には社員株主が多く、彼らにバークシャー株を引き受けてもらう目的でクラスB株を1株当たり50株に分割し、株価をおよそ60ドルまで引き下げることができたのだ（最近ではクラスB株はおよそ200ドル、クラスA株は30万ドルを超える水準まで上昇している）。バークシャーの株主はクラスA株を非課税でクラスB株に転換できるため、2つの種類があることで株主にとっても売買が容易になった。※2

バフェットはバークシャー幹部の報酬の決め方を特に誇りに思っている。徹底した合理主義に基づいており、外部のコンサルタントに相談したことは一度もないという。バフェットを含めた経営幹部は、シンプルに基本給とボーナス（自身の業務範囲内で達成した業績に基づいて決まる）に関して合意する。事業の周期性をより忠実に反映させ、より長い期間での取り組みを推し進めるために、対象期間は通常の1年ではなく、数年に及ぶことも珍しくない（Chapter6では報酬について改めて詳しく見ていく）。

■株主への手紙

ほとんどの上場企業で株主への年次書簡はゴーストライターによって書かれており、退屈な内容で、当然のごとく誰にも読まれない。ところがバフェットは自分自身で言葉を紡いでいる。彼の文章は無給で協力してくれる友人のライター、キャロル・ルーミスによって編集を加えられる。我々は光栄にも『バフェットからの手紙』において、彼の手紙の概要を世に広めることができた。バークシャーの株主は手紙を隅々まで読み、子どもにまで読み継がせる人も少なくない。

株主にとってバフェットの手紙がほかと違うのは、そのわかりやすさ、簡潔さ、賢明さではなく――それらも特徴と言えるが――、全く書簡らしくないということだ。バフェットが言うように、それぞれの書簡が一連のエッセーとなっている。個別のテーマに関して著者の見解を詳細に説明した短編作品なのだ。

彼のエッセーはすべて、ある明確な目的のために書かれている。バークシャーのビジネスモデルを受け入れる株主や仲間だけを惹きつけること、さらにそうではない人々と距離を置くことがその目的だ。バフェットは価格ではなく価値で考え、会計の数字よりも経済的な中身で評価し、企業を売り買いする商品ではなく、保有し続けるべき人類の創造物として捉えられる人を求めている。これまでの50年間、彼はそうした人だけを惹きつけてきたのだ。

バフェットは叔父から送られてくる手紙のような文体を意識している。自分を信頼してくれている親戚に向けて書いているつもりなのだ。彼は手紙の中では繰り返し、常識とされている考え方に対して、巧妙に異議を唱えている。そのため、バフェットを「コントラリアン（逆張りの人、人と反対の行動をとる人）」と誤解して呼ぶ人も多い。バフェットは常識とされている考え方を取り上げ、なぜそれが不正確、もしくは不完全であるのかを複数の理由を挙げて説明するのだ。

ただ、バフェットの言葉は自分に対する批判について言及しているときでさえ、決して自己防衛には聞こえない。レトリックを用いた彼の文体は、単語の順序から配列に至るまで、繊細に言葉を紡いでいく卓越した作業だ。冒頭の文章で読者を惹きつけ、最後の文章では余韻を残す。その間で論理の世界に迷い込ませ、一つの論点にまっすぐ到達することもあれば、複雑なニュアンスを持つときもある。

バフェットはよく歴史について言及し、目の前の議論を大きな文脈の中で解釈しようとする。また統計も多用され、議論する際は常にデータによってその論拠を与える。対比と比較を用い、冗談や皮肉も多い。そして褒めるときは具体的な名前を挙げ、批判するときは事業や部門を挙げる傾向にある。

バフェットの書くエッセーは、彼の人物像――人を楽しませ、自信に満ち、合理的で、賢明な資本家――をよく表している。イェール大学文学部教授のウィリアム・ジンサーによれば、「モチベーションこそが書くという行為の核心だ」。

バフェットはバークシャーを愛している。ほかとは違う株主や優れた経営者に支えられ、特異な企業理念に彩られた、彼が人生を捧げるライフワークだ。マンガーは「バフェットのすべてがバークシャーに注がれている」と述べている。バフェットについて知りたければ、バークシャーがそのすべてを教えてくれるはずだ。

■株主総会

一部の例外を除いて、企業の年次株主総会は時間の無駄であり、ほとんどの株主は出席しない。バークシャーの株主総会は全く違う。大勢の人でごった返し、華やかな知的、文化的、社会的祭典の様相を呈する。バフェットは株主への手紙を総会――数万人が訪れるアイコン的な催しだ――の目玉にすることで、手紙に永続的な価値を加えるのだ。

株主は総会の前にバフェットからの手紙を読み、分科会でほかの株主とその内容について共に議論し合う。総会のフロアから質問する株主は、ほとんどが手紙に基づいた知識を披露する。その場にいる株主は賢明な質問に対しては喝采し、無知な質問に対してはブーイングを浴びせる。

年次報告書でも株主総会でも同じテーマが繰り返されるため、両方が株主にとってより価値のあるものになる。その2つが相まって、長い時間をかけてバークシャー特有の文化が醸成され、株主を自分たちの価値観に染めていくのだ。

バークシャーの株主総会の週末には、オマハ中で様々なイベントが開催される。数千人の株主がネブラスカ大学の会議、クレイトン大学の公開討論会、コロンビア大学主催の夕食会に出席する。

バークシャーの株主は熱心な読書家が多い。バフェットは過去20年もの間、毎年数十冊の本を自ら選んで総会で販売しており、すべてを合わせると120冊になる。株主の関心が高いジャンルで、バフェットリストはひときわ役立っている。例えば、「バフェット」という単語を含んだタイトルの本は330冊以上あるが、その中で特にお薦めの30冊をバフェットが選んでくれるのだ。

バークシャーの株主は同社の企業文化の一翼を担っている。彼らは強い関心を持っているものの忍耐強く、懐疑的だが忠誠心があり、真面目だが愉快だ。バークシャーの傘下企業群はアートコレクションに例えられることが多く、バフェットは美術館の館長といった役回りだ。その文脈で言うと、株主総会の出席者は訪問者、パトロン、アート愛好家であると同時に案内係でもあり、新旧問わず訪問者の指導員の役を買って出ると表現しても大袈裟ではない。

2018年に出版したエッセー集『The Warren Buffett Shareholder: Stories from Inside the Berkshire Hathaway Annual Meeting』[※3]のために、我々は数十人の株主に株主総会の重要性について語ってもらった。

多くの株主は即座に株主総会をバフェットの手紙と関連づけ、総会が自分たちにとってどれほど重要なのかについて、パートナーシップと信頼をテーマとした感動的なエッセーを書いてくれた。

バークシャー村の古くからの住人であり、バフェットの親友でもあるロバート・デナムが書いた文章を見てみよう。デナムはバフェットからの要請を受けて、1992〜1997年までソロモン・ブラザーズのCEOとして働いた。債券トレーディングのスキャンダルの後に、同社の再建に奮闘した人物だ。それ以降はマンガー・トレス&オルソンの企業弁護士として働いているが、彼はパートナーシップの心構えがいかにバフェットの手紙や株主総会で垣間見えるのかについて説明している。

バークシャーの年次報告書は、株主総会の出席者にとっては優れたフィールドガイドの役割を果たしてくれる。同社のビジネスと事業環境について、事業には直接かかわっていないものの、理解したいと思っている共同所有者に説明するために、注意深い言葉でわかりやすく書かれている。年次報告書を読んだ株主は、総会の場で質問し、質問に対する答えを理解し、それらをより大きなビジネスの文脈で捉えることができる。つまり、彼らは総会やその期間中に開催される会議や会合の会話の輪の中に、きちんと加わる備えができているのだ。

デナムはバフェットのそつのない話し方についても詳しく言及しており、何を考えるのかではなく、いかに考えるのかを彼が重視している結果だと述べている。これもバフェットの株主に対する敬意と信頼から来るものだ。

バフェットは決して聴衆のためにパラメーターを埋めたり、彼自身の答えを与えたりはしない。すべての投資家には基本的事項に関して自身の見解を持つ責任があるという、彼なりの信念を反映している。議論の中心テーマはバークシャーのビジネスであり、市場や経済に関連する質問がいくつかあるくらいだが、いかに道義的に価値ある人生を送るのかについて議論することもある。これはただ経済的に成功するだけではなく、高潔で立派な人生を送ることの重要性を啓蒙したいというバフェットの強い想いを反映している。

デナムの弁護士事務所の元パートナーであり、ソロモン・ブラザーズの同僚でもあったサイモン・ローンの言葉も同様に、パートナーシップの心構えを強調している。

ある意味、株主総会は有名な株主への手紙から自然に育った派生物だ。手紙が年月を重ねる過程で進化してきたように、株主総会も進化してきた。ただ実際は、株主総会が手紙からの派生物であるのと同じように、手紙自体もバフェットの性格から自然に派生してできたものだ。バフェットはバークシャーの株主を、真の企業オーナーとして扱っている。手紙はそうしたバフェットの想いを反映したものであり、多くの株主にとって株主総会はその想いが最も目に見えやすい形で現れているものかもしれない。

ローンは信頼をすべての人にとって価値を持ち得る、バークシャーモデルのたった一つの戦略的利点と捉えている。「（バークシャーの経営幹部が）手紙や株主総会などを通じて構築している株主との関係、さらにそうしたプロセスを通じて育まれる相互の信頼関係は、失敗したときに余裕を持って対処する猶予を企業に与えてくれる。これはほかの企業でも役立てられるものだ」。

信頼とは突き詰めれば、人を信用することだ。ジョージタウン大学のプレム・ジェイン教授は著書『The Warren Buffett Shareholder』において、バークシャーの成功の秘訣を探った長年にわたる研究を振り返りながらこの点について言及している。

バフェットとマンガーのふたりは年次株主総会で、バークシャーの経営者と従業員についていまでも長い時間を割く。年を追うごとにその頻度や熱量は増し、ふたりの評価が割れることはない――買収の見通しや国内の経済問題などほかの多くの問題に関しては、よく意見が割れているふたりだが。

かなりの年数が経ち、ようやく自分が探していた答えがすぐ目の前にあることに気づいた。ふたりがアジット・ジェインやロー・シンプソンなど、有能で信頼できる経営者について語っているとき、まさに答えがそこにあった。バフェットの成功の秘訣は彼の人を見極める能力だったのだ。

バフェットは投資をするとき、経営を企業と切り離して考えず、優れた経営者に投資をする。それが私の結論だ。資本を企業だけではなく人にも配分しているのだ。製品や事業運営、財務の数字も重要ではあるが、あくまでそれらは二の次である。

もし人を第一とすれば、信頼こそが最も重要だ。

Chapter ❸

経営手法——キャッシュを生み続ける美味しいビジネスモデル

バークシャーのビジネスは信頼で成り立っている。

その経営手法の特徴とも言える重大な事業活動——独自の資金調達、グループ内での資本配分、分権化、買収——もこの信頼に支えられている。

バークシャーが社外の金融機関に頼ることなく、グループ内で営業や事業の拡大に必要な資金調達を行うのは、信頼に価値を置いているからだ。銀行よりも自分たちのことをより信頼しているのだ。

信頼がなければ、バークシャーが採用している分権と自立の経営アプローチは成り立たない。このモデルが成功している一番の理由が信頼なのだ。

信頼とは自発的に獲得せねばならず、さらに醸成しなければならない。買収の際に、同社がある種の企業を好むのはそうした理由からだ。また、買収候補企業を探すときに仲介業者ではなく個人の人脈に頼るのも、買収する企業のデューデリジェンスを最低限で済ますのも、そうした理由が背景にある。

■資金調達

バークシャーは事業活動や買収に必要な資金を主に内部留保で賄い、保険会社のフロートと繰延税金を利用してレバレッジを利かせる。銀行などの仲介業者は通常、利用しない。規制事業を手がける資本集約的な公益企業や鉄道会社を買収するときなど、融資を利用する場合もあるが、長期の固定金利で資金を借りる。借金を利用することで業績は良くなるかもしれないが、調達コストがかかり、意図せざる損失や債務不履行のリスクが生じてしまう。

バークシャーは特に、保険事業のフロートをレバレッジの資金源として利用することを好む。フロートとは保険料を受け取った後、実際に保険金が支払われるまで社内に滞留する資金のことだ。保険引き受け業務の収支がトントンである（受け取る保険料の総額が経費と支払う保険金の総額に等しい）限り、フロートのコストはゼロだ。引き受け業務で利益が出れば、保険会社はフロートに加えて利益を得ていることになる。仮に多少の損失を出しても、フロートは銀行からの融資に比べると調達コストが安い。

繰延税金も同様に調達コストがかからず、リスクのないレバレッジの資金源だ。価格が上昇した資産に対しては、税の支払い義務は生じる一方、実際にその資産が売却されるまでは税金を払う必要がない。その時差から生じる資金だ。本物の負債ではあるものの、利息やコベナンツ（特約条項）、返済期限などはない。返済のタイミングは任意だ。

長期間うまく集めていけば、フロートはかなり大きな規模に膨らむ。バークシャーのフロートは1970年のわずか3900万ドルから1990年には16億ドルに増え、2000年には280億ドル、2010年には660億ドルまで増加した。さらに、2020年には1250億ドルまで増えると予想されている。同社の繰延税金もおよそ500億ドルであり、これら一般的とは言えないレバレッジの資金源の総額は1750億ドルにもなるのだ（総負債のかなりの割合を占める）。

もちろんこれらの債務は本物の負債であるため、保険引き受け業務で不手際があれば悲惨な結果につながる。例えば、競争のプレッシャーやアクチュアリー（リスク等を評価する数理の専門職）のモデリングの誤りで、最終的な支払いリスクを低く見積もってしまうと、保険会社から大量の資金流出が起き、倒産に陥りかねない。※1

バークシャー傘下の保険会社はそうした人災に対して効果的なヘッジをかけている。保険引き受け業務の規律を維持できるような経営幹部の報酬プランを採用しており、ボーナスは受け取る保険料の総額ではなく、利益やフロートのコストに左右される仕組みになっている。

フロート（や繰延税金）とは違い、銀行の融資にはコベナンツや利息、返済期限がつきまとう。仲介業者が提供しているため、融資の金額や期間、コスト、コベナンツの点で借り手との間に利益相反が生じてしまう。バークシャーのやり方では、こうした痛みを味わうことなく、債務のレバレッジ機能を享受できる。同社のモデルは資金調達において、他社に頼らない重要性を証明している。結局のところ、バークシャーは貸し手よりも自分たちのことを信頼しているのだ。

■グループ内での資本配分

バークシャーはコングロマリットの形態をとることで、追加資本に対するリターンが最も高い事業に社内の資金を配分することを可能にしている。米国の産業界ではコングロマリットのビジネスモデルは否定されているものの、同社の見事な資本配分がその正当性をこれまで立証してきた。また、そのおかげで同社は第三者とのかかわりをうまく回避することができている。

資金を供給する側の子会社は、法人税を回避しながら資金を供給している一方、資金を受け取る側の子会社は、利息やコベナンツなど借り入れに伴うコストなしで資金を調達できる。また、事業を通して税控除を受けられる子会社については、自分たちではその控除を利用できなくても、ほかの子会社に利用してもらえるケースがある。

子会社の経営者は、楽に資金調達ができるグループ内の環境を高く評価している。バークシャー以外の普通の会社では、CEOは資金を必要とするとき、信頼ではなく懐疑を前提とした様々な承認プロセスの網をかいくぐる必要がある。まず最初に、取締役会の承認を得なければならない。さらに、最良の調達先と調達手段についてファイナンシャル・アドバイザーと相談し、株式で調達する場合は引受会社、借り入れで調達する場合は銀行の力を借りることになる。

それぞれのステップで手数料が発生し、様々な条件の交渉も行わなければならない。条件次第では、事業活動や財務管理の面で企業の足かせになる。バークシャーの子会社の経営者であれば、こうしたプロセスをすべて回避できる。資金が必要なときにはバフェット、すなわち最もフレンドリーなバンカーに話を持ちかければよく、仲介業者に付きものの介入、契約、条件、コベナンツ、返済期限、そのほか一切の制約がないのだ。

■分権

バークシャーでは分権——組織内において自立を促し、責任を委譲する——が組織の末端まで行き渡っている。トップであるバフェットとバークシャー本社から始まり、組織内部の隅々にまで浸透しているのだ。

バフェットはバークシャーをシンプルな組織のままにしている。組織図すらもない。もしあるとすれば、次のページの図3・1のようになるはずだ。

バークシャーは40万人もの従業員を抱える巨大コングロマリットにもかかわらず、オマハの本社には20人ほどの従業員しかいない。バフェットはそのことをよく自慢する。

買収を含め、本社レベルの資本配分の決断はほとんどバフェットが下している。金額の大きなケースではマンガーに相談し、最近ではアベルやジェインとも話をする。また、2000年代初頭にはトッド・クームスとテッド・ウェシュラーを雇い、証券ポートフォリオのかなりの部分を運用してもらっている。

子会社の財務に関しては、オマハにいる5人の執行役員——CFO（最高財務責任者）、コントローラー、内部監査ディレクター、トレジャラー（財務管理担当）、バイスプレジデント

図3·1｜バークシャー・ハサウェイの仮の組織図

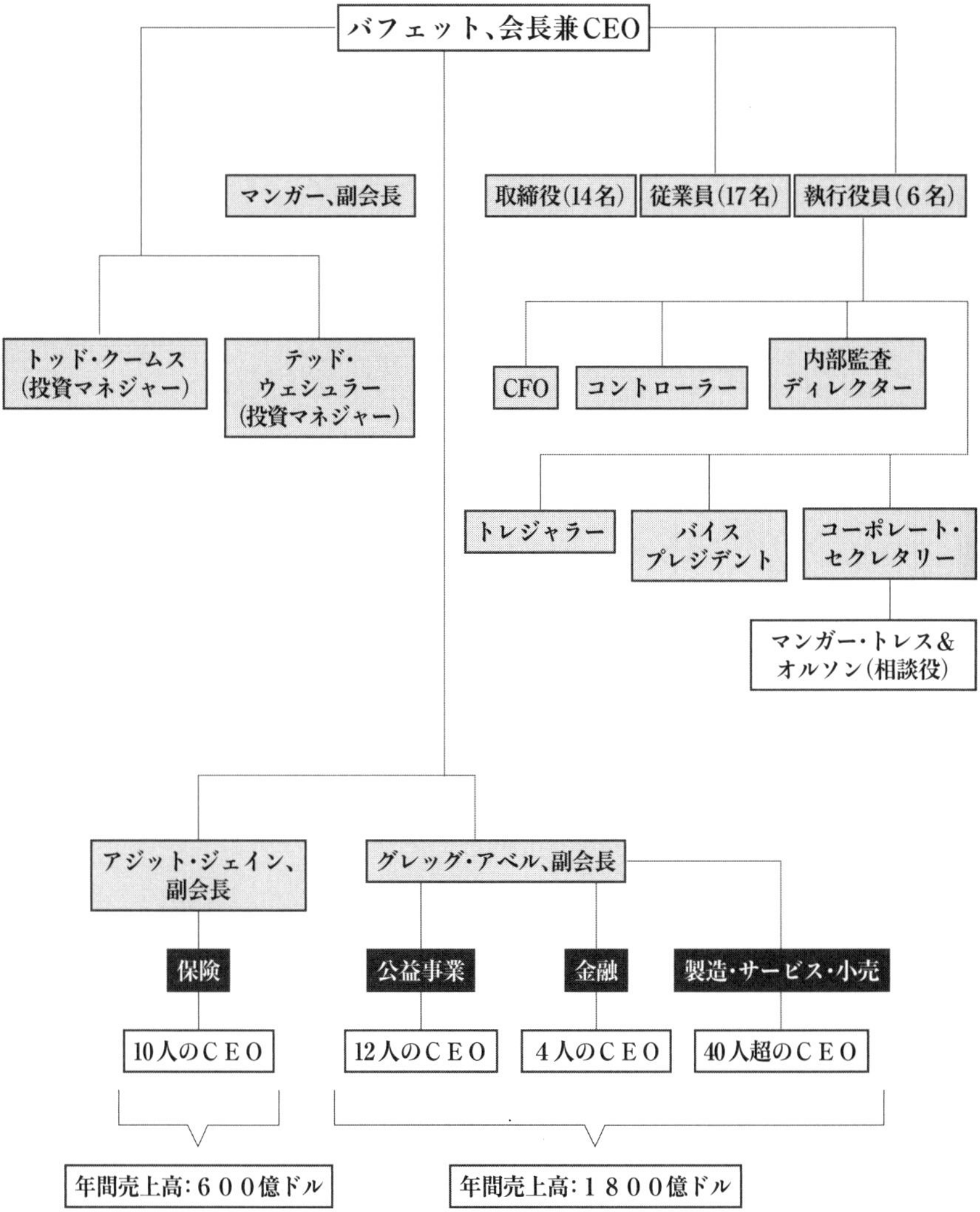

――が監督している。そのほかの執行役員はコーポレート・セクレタリーのみで、ジェネラル・カウンセル（法律問題を扱う最高責任者）のような位置づけだが、バークシャーの買収や有価証券業務を扱っている外部の弁護士を監督するのが主な業務だ。

傘下の子会社はそれぞれがあらゆる一般的な業務機能を備えた独立した組織であり、自分たちで部署の役割を定めている。その結果、バークシャーの年間売上高およそ2500億ドルに対して、オマハ本社の間接費用は年間およそ100万ドル、人件費は1000万ドル以下にすぎない。[※2] 経営を支援する目的で、それぞれの子会社には小さな取締役会――通常は5人――が設置されている。バフェット自身は規模が大きく、リスクに敏感な子会社の一部で取締役を務めている。CEOは取締役を兼任し、バークシャー本社の取締役、オマハの執行役員、ほかのグループ企業のCEOが加わる形だ。買収した企業もそれまでの業務機能を保ち、組織形態は変わらない。

過去20年間、巨大なコングロマリットに成長していく過程で、バフェットが組織の隅から隅まで注意を払うことは難しくなっている。そのため、買収した企業を自立させておくだけではなく、様々な形の分権化も推し進めてきた。持続的分権化（どんどん機能を子会社に委譲していくこと）、分割分権化（買収した企業をさらに分社化すること）、報告分権化（シニアマネジャーをさらに昇進させること）などだ。

持続的分権化の様子がよくわかるのが、アベルが経営したバークシャー・ハサウェイ・エナジー（BHE）だ。アベルがグループの中核企業とも言えるミッド・アメリカン・エナジーの経営者になったのは1998年。それ以降、15件もの大規模な買収を先導し、同社のコングロマリット化を推し進めてきた。いまでは年間売上高がおよそ250億ドルに達し、傘下には5つの公益企業、2本のパイプライン、多くの再生エネルギー施設、数百の不動産仲介業者を抱えている。

通常は企業の成長に合わせて組織の集権化が進み、本社が多くの機能を抱えて間接費用も膨らんでいくことが多いものの、アベルとBHEは積極的に分権化を推し進め、あらゆる機能を下位の組織に委譲していった。全従業員は2万3000人いるものの、本社には20人ほどしか働いていない。その背景には、地理上の理由と製品上の理由がある。同社のビジネスはあくまで特定の地域で行われており、価格を決める環境、規制、労働市場はそれぞれの地域で異なっている。それぞれの事業部が必要なインフラや従業員を抱えながら、現場に近い場所で采配を振るうことによるメリットが大きいのだ。

本社で働くのは、ジェネラル・カウンセルとグローバルな規制問題を調整する数人のロビイストだけだ（これらについてはChapter10でさらに詳しく扱う）。人事ディレクターは労働市場に関する専門知識を有し、それぞれの事業部における交渉をサポートする役割を担う。内部監査を除いて、あらゆる機能が下位の組織に委譲されている。

分割分権化は企業を買収した際によく行われる。下着メーカーのフルーツ・オブ・ザ・ルームは2006年、ジャージやユニフォームなどの運動着を製造するラッセル・アスレチックを買収した。ラッセルはブルックス・ランニング・シュー・カンパニーなどいくつかの専門事業を傘下に収めていた。

買収が成立した後、バフェットはブルックスの社長だったジム・ウェバーにブルックスのビジネスとラッセルやフルーツのビジネスとの間に類似点があるのか尋ねた。ウェバーは主に海外で製造し、世界中の国に出荷している点を除いて、ほとんど共通点はないと答えた。するとバフェットはブルックスをフルーツの傘下から外し、バークシャーの直系の子会社にしつつ、ウェバーに経営を任せた。彼自身に事業の収益に関して責任を持ってもらうようにしたのだ。

ビジネスモデルの違いを重視し、バフェットがウェバーを信頼していたからこそできたことだ。フルーツとラッセルが製造していたのは一般消費者向けのコモディティ商品であり、アスリートのパフォーマンスに影響を与えるようなものではなかった。競争的な価格環境の下、一般的な小売店で売られている商品だ——そのため研究開発の必要性もほとんどなかった。対照的に、ブルックスはランナーのパフォーマンスを向上させる商品を提供しており、価格ではなく質で勝負する事業環境の中、値段も割高だった――そのため高額な研究開発投資をする必要があった。

もう一つのケースは、２０００年に買収したジャスティン・インダストリーズだ。ブーツ会社とレンガ会社（アクメ・ブリックと呼ばれた）から成るミニコングロマリットで、集権的な経営がなされていた。創業者のジョン・ジャスティンも製品の間に共通点がないことは認めており、天然の原料から作られている点だけは共通していると皮肉を言っていたくらいだ。バフェットから見ると全く異なる種類のビジネスであり、事業を分割してふたりの優秀な経営者に経営を任せられる機会だった。

ブーツはどこでも製造可能だが、一般的には海外で製造され、各国に出荷される。小売店を通じての販売だが、ジャスティンの広告を利用した強力なブランド戦略――ウエスタンデザインに統一されている――のおかげで、ジャスティン・ブーツには多少の価格決定力があった。ブーツは自然と履きつぶされるため、忠誠心のある顧客はリピーターとなる。組織としては、こうした特徴のある企業はデザインや製造、マーケティングにおいて集権的なアプローチを採用する傾向にある。

一方、レンガの製造は重量や地理上の制約を受けるため、顧客に近い場所で製造・販売される。買い手は主に競争市場で事業活動をする営利企業であり、売り手との関係性にプレミアムを払う。また、アクメ・ブリックは商品に100年保証を与えている。これらの特性から、クオリティコントロールには本社が一括して投資する一方、製造と販売は地域ごとの組織が独立した企業として手がける方が好ましいのだ。

バフェットはブーツビジネスとレンガビジネスを完全に切り離した。それぞれがバークシャーの直系の子会社となり、ふたりのCEOに事業運営から管理まですべての損益に責任を持ってもらった。分権化のおかげで、アクメ・ブリックとジャスティン・ブーツは同じ会社だったときと比べて格段に事業を拡大しやすくなった。

報告分権化とは、事業単位を大きなグループに集約して管理することで、官僚的な組織階層を増やすことなく、シニアマネジャーからCEOへの報告の数を減らすことだ。バークシャー傘下のマーモン・グループを見るとわかりやすい。2005年にバークシャーによって買収される前、CEOのフランク・プタークは10の事業部から報告を受けていたものの、彼自身が多すぎると感じていた。そのため事業部を4つのカンパニーに統合し、報告の数を4つに減らしたのだ（図3・2を参照）。

会社の規模が大きくなるにつれて、どんな管理者でもすべてを完全に把握することができなくなる。シニアマネジャーは絶えずグループを再編し、その下のマネジャーに事業を把握できるレベルまで権限委譲を進めるべきだ（マーモン・グループについてはChapter

図3·2｜マーモン・グループの分権化。

CEOへの報告の数は２００５年の10から２０１５年には４に減った。

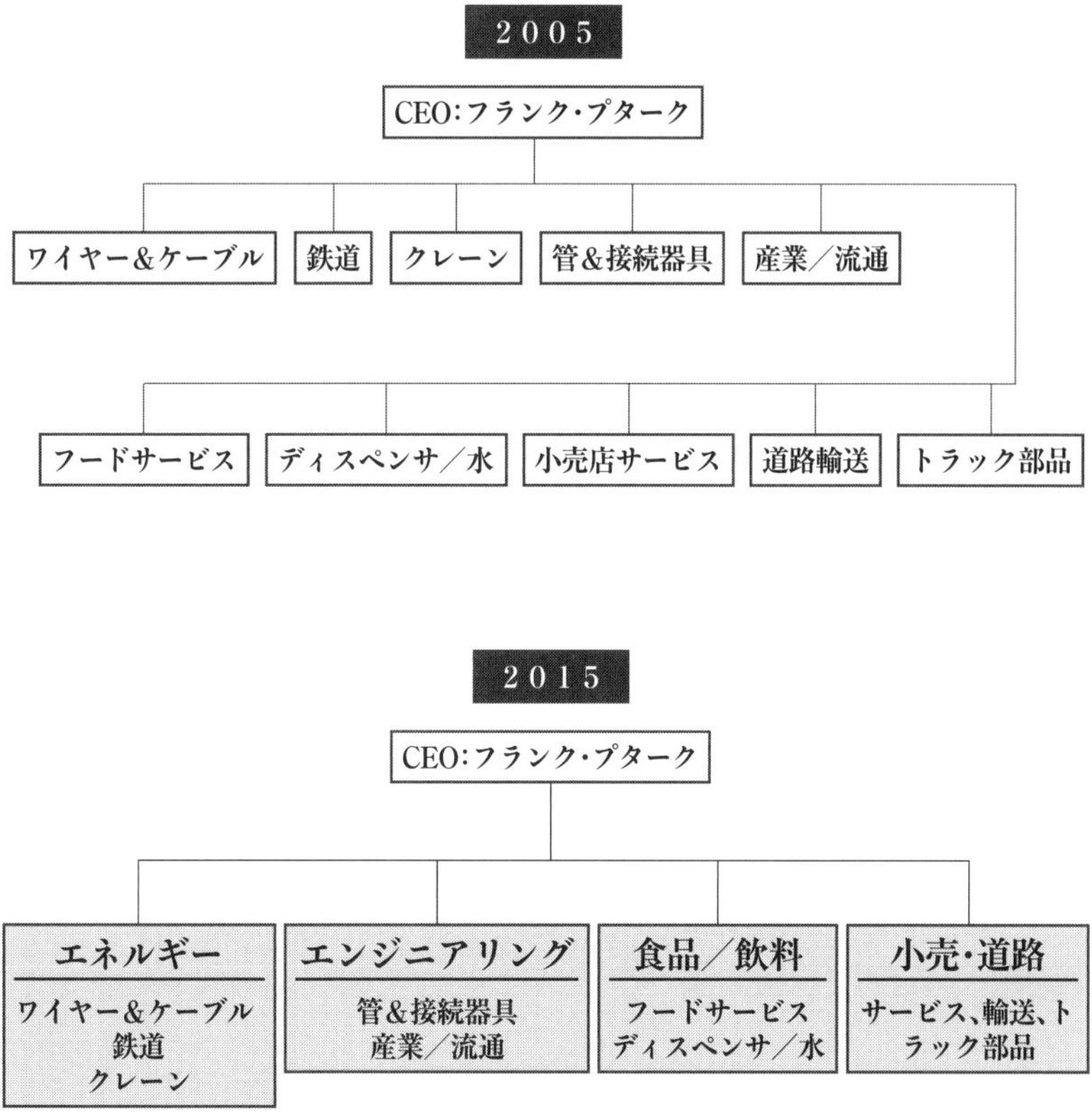

8でも取り上げる)。

報告分権化は企業の成長だけではなく、後継の課題に対応する上でも理想的なモデルとなり得る。年間の保険料収入がおよそ600億ドルにもなるバークシャーの保険ビジネスがわかりやすい事例だ。バフェットは数十年間、買収した大手3社の経営者——ガイコのナイスリー、NICOのジェイン、ジェネラル・リインシュアランスのフランクリン・モントロス——から報告を受けていた。

2016年にモントロスが退任すると、バフェットは彼の後継者を探す代わりに、ジェインにNICOとジェネラル・リインシュアランスを監督してもらうようにした。以降、モントロスの後継者はバフェットではなく、ジェインに報告するようになった。ジェインの保険事業における権限を拡大させると同時に、バフェットへの報告数を減らしたのだ。

その際には、ナイスリーがバフェットに報告していたガイコは含まれていなかった。ナイスリーの何十年にも及ぶ在任期間を考えると賢明な判断だ。2018年にジェインが保険業担当の副会長となり、ナイスリーが退任するタイミングで、ナイスリーの後継者であるビル・ロバーツにはバフェットではなくジェインに報告してもらうようにした。

こうした分権化のやり方は一つのモデルとなり、バークシャーのあらゆる部門で引き継ぎの際に利用されている。この仕組みがうまく機能するには、すべての関係者がお互いを心から信頼していなければならない。

あらゆる組織体制にはトレードオフがある。分権化を進めれば、問題に一番近いマネジャーによる効率的かつ効果的な意思決定が可能となる一方、意思決定で間違いを犯すリスクも生じる。ただ、バフェットはあくまで分権化を正当化している。「私たちは息が詰まる官僚制度がもたらす過度な意思決定の遅れ、もしくは意思決定の欠如で、多くの目に見えないコストが生じるくらいであれば、何度か間違った意思決定をして、目に見えるコストが生じた方がマシだと思っています」。

一般的に言われる集権化の利点は、リソースの重複を回避できることだ。ところがバークシャーでは、全く逆のように見える。確かに法務部の数だけ見ると、1から60に増えるかもしれない。ただ、本社のジェネラル・カウンセルのオフィスに業務を集約した場合、その規模は子会社の法務部を合わせたよりもずっと大きなものになる可能性が高い。

それぞれの経営者が周囲のスタッフを最小限に抑える経済的、文化的インセンティブを持つことで、効率的な経営は実現する。これこそがバークシャーの分権化モデルの大きな利点だ。それぞれのCEOが自分たちの事業にとって、最適な組織体制を設計できるのだ。

■買収――「行き当たりばったりで偶然任せ」だった

ほとんどの企業には、事業の拡大を計画する形式的な買収プランがある。具体的な買収候補企業の名前を挙げているプランもあるはずだ。多くの企業に仲介業者と同じ機能を有する買収専門の部署があるが、そうした部署はおとなしく待つべきときでも活発に動こうとする、歪んだインセンティブを持つ側面がある。

バークシャーはこれまで一度もそうした部署を設けたことも、プランを作成したこともない。バフェットは株主への手紙の中で、ある買収について言及しながら、バークシャーの買収戦略は決して「注意深く練り上げられたり洗練された」ものではなく、むしろ「行き当たりばったりで偶然任せ」だと説明している。そうしたアプローチを取ることで、結果的に高額で企業価値を損なう買収を避けることができ、バークシャーの買収が成功し続ける一つの重要な要因となっているのだ。

企業は一般的に投資銀行や証券会社を雇って調査を依頼するが、バークシャーはそうした機関を雇わない。仲介業者は高額の手数料を取ることが多い。また、多くの手数料はクロージングを条件に支払われるため、仲介業者にはクライアントの最良の利益に反して買収をクローズさせようというインセンティブが働く。

そうした場合、買収コスト、つまり投資した金額と実際の企業価値の差異はとてつもなく大きくなり得る。高額な手数料とも比較にならない。こうした状況では、おそらく2社の仲介業者――取引がクローズしたときに手数料を支払う業者と取引がクローズしなかったときに手数料を支払う業者――を雇うことが、最良の企業戦略となるだろう。

バークシャーはこれまで、仲介業者ではなく友人など仲間内の人脈に頼って買収してきた。1986年には、ウォール・ストリート・ジャーナルに買収への関心と対象企業の基準を説明した広告を載せており、株主への手紙でも、繰り返しその基準を説明している。結果的にバークシャーが自ら率先して買収を持ちかけることはめったになく、外部からの提案に応じることが多い。

ローレンス・カニンガムは著書『Berkshire Beyond Buffett』で、同社の開示情報で情報が出されている案件について分析している。[※3] 11件では売り手側がバークシャーに、9件では既存の取引先企業がバフェットに、7件では友人や親戚がバフェットに、3件では知人や知らない人が買収を持ちかけ、4件ではバークシャーの方から関心のある企業に買収を持ちかけている。[※4]

1986年に買収した中堅コングロマリット、スコット・フェッツァーのケースを見てみよう。ある「大手投資銀行」が同社の買い手を探そうとしたが見つからず、敵対的な買い手が現れて同社を買収しようとしたときに、バフェットがCEOに連絡を取って話し合いを行い、買収はすぐに成立した。

バフェットによると、スコット・フェッツァーは買い手を見つけられなかった投資銀行に250万ドルもの手数料を支払わなければならなかったという。バークシャーのこれまでの実例が示すように、バフェットは銀行や証券会社を間に挟むよりも、買い手と売り手が直接、相手を見つける方が好ましいと考えている。「散髪が必要かどうかを理容師に聞いてはいけない」というのはバフェットのお気に入りのセリフだ。

通常の買収では、条件交渉が進んでいく中で会計士が企業の経営状況や財務の数字を精査し、弁護士が契約やコンプライアンス、訴訟の有無を徹底的に調べる。そうした調査は本社でなされることが多い。同時に、社長同士が顔合わせをして交流を深め、施設を見学し合う。多くの仲介業者が介入する一連のプロセスには数カ月の期間を要し、手数料は莫大だ。バークシャーはそのほとんどを行わない。

バフェットはほんの数分で人物を見定め、必ず1週間以内に取引は成立する。2時間未満の話し合いで決まることも多く、初めての電話で成立することもある。それからすぐに正式な契約書の内容が交渉される。ディール――数十億ドル規模の大きな案件を含めて

――は最初のコンタクトから1カ月以内にはクローズするのだ。

ベンジャミン・ムーアは同族企業で、店頭市場に株式を上場していた。売却の時期だと判断した同社は、ファイナンシャル・アドバイザーを雇った。彼らは調査した上で、ある価格を提示したが、その価格では買い手を見つけられなかった。取締役はバフェットに連絡し、ベンジャミン・ムーアのことをバークシャーと似たタイプの企業だと紹介した。

いくつか質問をし、公開資料を求めただけで、バフェットは1週間以内に10億ドルの現金でベンジャミン・ムーアを買収すると提案した。それ以上の価格をバフェットに求めても無駄だと判断し、取締役会はその提案を受け入れた。バフェットがCEOと会い、外部の弁護士が基本的なデューデリジェンスを行っただけで、取引が成立したのだ（次のChapterでもこの買収について取り上げる）。

限られた調査だけでそうした重大な決断を下せるのは、バフェットが自分の「得意分野」以外には決して手を出さないと決めているからだ。彼は読書から膨大な知識を蓄積し、企業や経営者のことを熟知している。理解している業種だけに絞り、特異なビジネスモデルを採用していることがそこに規律を加えている。自分にビジネスを手がける能力や人を見定める能力がないと判断すれば、その案件には手を出さない。

仲間になる人たち――売り主、経営者など――の信頼性に少しでも疑問があるときは、丁重に申し入れを断る。これこそがまさに『信頼域』だ。
ビジネスや経営手法、人物の判断に長けているだけでは十分ではない。
信頼に足るかどうかの判断を絶対に誤らないことが、何よりも大切なのだ。

Part 2

信頼と委譲の掟

Chapter ❹

買収――人への信頼こそが巨利の源泉

オハイオ州立大学のジョン・ミューラー教授は著書『Capitalism, Democracy, and Ralph's Pretty Good Grocery』の中で、買収においては信頼関係が極めて重要な役割を果たすと強調している。米国の産業史を代表するような巨大企業買収の背後にも、お互いの信頼関係があった。

米国の実業家は信頼と評判を頼りに買収を行っている。例えば、19世紀におけるスタンダード・オイルと鉄道会社の間の買収契約は、両者に大きな経済的インパクトがあるにもかかわらず、ほとんど握手のみで成立したようなものだ。実際、もし裁判所の介入が必要な可能性がわずかでもある場合、買収はおそらく成立しないだろう。それまでに多大な労力をかけてお互いの利益になるような形で信頼関係が構築されている場合、機械的な法的手段を通して誠意をさらに保証しようとする努力は、むしろ裏

目に出る可能性がある。[※1]

米国の大半の実業家は法的契約に付随する形式的な手続きにきちんと従うものの、そうした手続きがなくても契約が前に進むケースは少なくない。入念に作られた形式的な契約書が必要となるケースは多いものの、バフェットはあくまで形式ばらない手段の方を好む。

バフェットが契約をどのように捉えているのか、そしてこれまでどのように扱ってきたのかを見れば、彼が信頼を重視する理由がわかるはずだ。バフェットに関する本や記事は山ほどあるものの、このテーマについてはこれまでほとんど議論されたことがなかった。

■非公式の約束

バフェットはバークシャーの支配権を握った1965年から今日まで非公式の約束を数多くしてきたが、まずはその代表的なものの中から2つを見ていくことにする。彼は日頃から繰り返し述べているが、バークシャーのことを株式会社ではなくパートナーシップだと考えている。これはバークシャーが1980年代半ばに年次報告書の中で公表した15の企業理念のいの一番に挙げられているもので、1995～2017年までの年次報告書にはもれなく記載されている。

もしバークシャーがパートナーシップであれば、バフェットと同社の経営陣には信任義務に関する法律が企業の取締役に課すよりも、ずっと厳格な忠誠誓約が株主に対して求められていることになる。バフェットはこの言葉を何度も繰り返しており、パートナーシップであるという約束はもはや法的拘束力があると捉えられても仕方がない。

バフェットのこの言葉は、株主を企業の所有者として自分と同列に捉えているという想いを伝えるための、企業哲学に関する声明なのだ。バフェットを中心としたバークシャーの経営陣は、これまで間違いなく最高水準とも言えるパートナーシップの義務を果たしており、彼らがその信任義務に違反したとして訴訟を起こした株主は、これまでにひとりもいない。

バフェットは毎年のようにその誓約を繰り返し、想いをますます強めていく中で、個人的な責任感もより強くなっている。一方で、バークシャーの株主もその義務を果たそうとする彼に一層の敬意を払うようになっている。こうした過程を見ていくと、法的な契約ではなく日々の行為を通じて、いかに友好的関係が築かれていくのかがよくわかる。ミューラーが次の言葉で指摘しているのは、まさにこのことなのだ。「それまでに多大な労力をかけてお互いの利益になるような形で信頼関係が構築されている場合、機械的な法的手段を通して誠意をさらに保証しようとする努力は、むしろ裏目に出る可能性がある」。

次に見ていくのは、バークシャーは買収した企業を永遠に保有するという約束だ。バフェットは40年もの間、公式文書やプレゼンテーション、コメントの中でこの言葉を繰り返してきた。実際に、バフェットは資金難にあえぐ企業すら保有し続けており、見事にその約束を果たしてきている。企業を売却する人が、例外なくバフェットを信頼しているのはこうした理由からだ。※2

バークシャーは買収の話し合いの場で、この点について明言する。特に企業の永続性を重視する同族企業や創業者が、バークシャーへの売却を好むのはこうした理由からだ。一方で、正式な契約書にその趣旨の文言が盛り込まれることはない。それは極めて現実的な対応と言え、売り手側にとってはそれだけでも取引を前に進める十分な理由になる。これまでの行為に裏付けられた心意気だけで十分なのだ。

例えば、売り手側がバフェットやバークシャーに対して、法的拘束力のある契約でその約束を明文化するよう求めたとしよう。そうした要求は買い手側には自分たちに対する不信と解釈される可能性があり、取引の成立を阻む原因となり得る。再びミューラーの言葉を引用すると、「もし裁判所の介入が必要な可能性がわずかでもある場合、買収はおそらく成立しない」のだ。

■買収契約

バークシャーは過去20年の間、およそ20社の上場企業を買収してきた。※3 上場企業のならわしに従い、非常に形式ばった契約が交わされた。買収において一般的に重視されるのは相手企業の財務や経営の実態を適正に表すとされる財務諸表であり、買い手側は必ず頼りにするものだ。

財務諸表は非常に詳細にわっている。財務諸表の注記、証券取引法で提出が求められる文書や貸借対照表、損益計算書、キャッシュフロー計算書の明細など、難解な部分については補足資料が付される。いずれも日付と期間が明示され、米国会計基準（GAAP）や国際会計基準（IFRS）など特定の会計基準に従い、特例を挙げた個別の補足説明も必要とされる。

弁護士やビジネスパーソンは双方が何について同意したのかに関して疑問の余地を減らすよう、財務諸表の作成には並々ならぬ労力をかける。誓約の中身があいまい、もしくは一部の問題が未解決だとどちらかが言い出すことがないよう、解釈の余地をなくすべく努める。裁判が起きた際に、相手側が「裁判官が優先すべきは契約書の中の文言ではなく、前後の状況に関する関係者の証言だ」と主張することがないよう、双方が最善を期すのだ。

ところがバークシャーの初期の２つの買収では、企業の財務諸表に対して正式な裏付けなどなかった。バフェットは２０１３年と14年の株主への手紙でこれら２つのケースについて振り返り、まさにバークシャーを決定づける買収だったと述懐している。同社のその後を左右する重要な買収だっただけではなく、同族企業の買収や友人からの買収の正当性を裏付ける特徴を備えていた。

１つは１９６７年に買収し、いまでは世界最大の損害保険会社となったナショナル・インデムニティ・インシュアランス（ＮＩＣＯ）だ。バークシャーにとって最も初期の買収であり、規模の点においてもこれまでで最も重要だった。バフェットは２０１４年の株主への手紙で次のように振り返っている。

> ナショナル・インデムニティと姉妹会社であるナショナル・ファイア＆マリーンを860万ドルで買収した1967年以降、保険業はまさに弊社の規模拡大の原動力となったエンジンです。バークシャーにとてつもない影響をもたらした買収でしたが、実

際のやり取りはシンプルそのものでした。

友人で2社の支配株主だったジャック・リングウォルトが私のオフィスに立ち寄り、会社を売却したいと言ってきました。そのわずか15分後に取引が成立したのです。ジャックの会社はいずれも、公認会計士事務所による監査を受けたことはありませんでしたが、私はそれを求めませんでした。理由は(1)ジャックが正直だった(2)彼は少し変わっていて、買収の手続きが煩雑になれば取引から手を引きそうな様子だった——からです。

成約のために私たちが用意した契約書はわずか1ページ半でした。双方が弁護士を雇わず、自分たちで用意しました。契約書のページ数で換算すれば、間違いなくバークシャーにとって最良の取引です。いまではナショナル・インデムニティの純資産はGAAP基準で1110億ドルに達し、世界中のどの保険会社も上回ります。


2つ目は、1983年に買収したネブラスカ・ファニチャー・マート（NFM）だ。ブランキン家が所有していた企業で、バークシャーの信頼に基づいたアプローチを確立させた最も重要な買収の一つと言える。バフェットは2013年の株主への手紙で次のように振り返っている。

私は１と４分の１ページの自作の買収提案書を携えて、Ｂ夫人（ローズ・ブランキン）に会いに行きました。彼女は一文字も手を加えることなく提案書を受け入れ、投資銀行や弁護士の手を借りることなく取引はまとまりました（まさに極上の経験と言うしかないでしょう）。彼女の企業は財務諸表の監査を受けていませんでしたが、私は全く心配していませんでした。Ｂ夫人は私にありのままの実情を話してくださり、その口頭の説明だけで十分でした。

ＮＩＣＯとＮＦＭの買収の経緯を見ると、いずれも非常に強い信頼関係が垣間見える。規模の大きな案件にもかかわらず、バークシャーはざっくばらんに投資を決めた。買収においては企業の財務がその是非を判断する決定的な要素の一つだが、信頼する人物による概要の説明だけで取引はまとまった。もしその財務諸表の中身が不正確だったら、もしくはバフェットの数字の解釈が相手と違っていたら、果たしてどうなっていただろうか？

通常の正式な契約では、そうした争いが起きた場合に、財務諸表の説明が争いを解決するためのルールを提示してくれる。「適正な内容である」、もしくは「ＧＡＡＰ基準に従っている」といった具合だ。ところが非公式の契約ではそうした頼れるルールがない。双方の意見の相違を埋めるには、文脈、交渉、そして双方のそれらに対する理解についてわかっておく必要がある。

おそらくバフェットは単純にお互いが理解を共有している、もしくは意見の相違があってもうまく解決できると考えていた。裁判所など中立的な第三者による仲裁が必要となった場合には、仲裁者は非公式の契約に含まれる限られた情報に加えて、さらに多くの情報を集めなければならなくなるだろう。

要は、双方が心から信頼し合えているかどうかが大事なのだ。スタンダード・オイルによる鉄道会社の買収が米国の産業界を決定づけた最も重要な取引だとするならば、バークシャーを決定づけたのはＮＩＣＯとＮＦＭの買収だった。これら2つの買収によって、信頼を重視するというバフェットとバークシャーの評判が周囲で確立された。２０１３年と14年に、再度これらの古いケースを株主への手紙で取り上げているという事実が、バフェットが信頼を引き続き重視していることを裏付けている。

■最善の努力と正当な理由

多くの買収では、正式な買収契約や経営幹部との個別の雇用契約など複数の契約を必要とする。1986年のバークシャーによるスコット・フェッツァー・カンパニーの買収がわかりやすいケースだ。同社は当時、複数の敵対的買収を提案されるなど乗っ取りの対象となっており、バークシャーは同社のホワイト・ナイト（救済企業）だった。

買収契約書にはバークシャーサイドを代表してマンガーが署名し、中身もほとんど彼が書いた。[※4] 初稿はたったの4ページで、修正後の最終稿でもわずか8ページにすぎなかった。これは当時の平均的な買収契約書のおよそ2割のページ数だ。

いくつかの条項は一般的なものだ。代表的なもので言えば、財務諸表や証券取引法で提出が求められる文書にかかわる条項だ。より高額な買収金額を提示する可能性のあるほかの潜在的な買い手と話をする権利を制限するといった条項もあった（いわゆる「ノー・トーク」条項）。

また、変わった条項も含まれていた。州法では買収に関して株主の過半数の承認だけを求めていたものの、両社の契約では3分の2の承認を求めた。さらに、「ノー・トーク」条

項には一切の特例を設けず、たとえ信任義務からであっても取締役会が第三者に意見を求めることを許さなかった。[※5]

一方、スコット・フェッツァーの取締役会に対しては、バークシャーによる買収を成立させるために「最善の努力」をするよう求めていた。この言葉はあいまいな一般的概念であり、その意味は文脈に左右される。説明を加えるために、この「最善の努力」条項にはさらに奇抜で具体的な要求が盛り込まれていた。もし3分の2の株主の承認を得られなければ、スコット・フェッツァーは翌四半期に株主総会を再度招集し、必要な投票数が得られるよう「並々ならぬ努力を続ける」こととなっているのだ。契約ではさらにその目的を説明しており、通常の買収契約では珍しい条項だった。

二度の委任状勧誘手続きは、(i)まず一度目の(そしておそらく一度限り)の勧誘はスコット・フェッツァーの株主に早期にお金が手渡されるよう早めに予定することとし、(ii)(一度目で株主の承認を得られなかった場合に)バークシャー――スコット・フェッツァーの株主の利益のために最小限の条件付きで買収に力を尽くす、極めて信頼できる責任ある企業――が買収にコミットする期間をさらに延長することで、提案している買収の条件を株主にしっかりと検討してもらえるようにすることを目的とする。契約の成立にはスコット・フェッツァーの発行済株式数の3分の2の承認という非常に厳しい要件が課されていることから、双方が全力を尽くすことが妥当であると考えられる。

非常に簡潔、奇抜、明瞭で、すがすがしさを感じる。ほかの多くの契約書と比べてひときわ異彩を放ち、思わず目を引く洗練されている文章だ。条項で「最善の努力」という言葉が使われた場合、通常は前後の文脈に注意を払うことが求められるが、この条項ではわかりやすい言葉が使われ、取締役会にいかなる義務が求められているのかに関して疑問の余地を残さない。

書かれているように、「最善の努力」条項はどのような場合にも適用される。裁判所から見ると、「最善の努力」条項は額面通りには受け入れ難い。株主の信任義務を負う者は、その義務を無効にするような契約を交わすことができないと裁判所が申し入れることもある。[※6] 契約の文字通りの意味と取引の状況の間に緊張関係があることも少なくない。

この場合、スコット・フェッツァーの取締役会が反対を決意している敵対的買収に対抗するためのホワイト・ナイトという前後の文脈があり、おそらくスコット・フェッツァーもバークシャーも可能な限り解釈の余地の少ないタイトな条項を求めていた。双方が互いを信頼し合っている一方、ほかの買い手に対しては強烈な不信感を抱いているような状況だったのだ。

スコット・フェッツァーとの買収契約はまた、バークシャーに対して経営幹部と締結している既存の雇用契約を尊重するよう求めていた。この点に関して、バークシャーはCEOであるラルフ・シェイと個別に雇用契約を交わし、数年後、バフェットは株主への手紙でこのことに言及している。

スコット・フェッツァーを買収した直後、ラルフ・シェイとの報酬の取り決めはおよそ5分で決着しました。外部の弁護士や報酬コンサルタントの「手」は借りていません。この取り決めは、いくつかの非常にシンプルな考えを形にしただけのものです——相手に何か大きな問題があることを証明して、巨額の手数料を請求しようともくろむコンサルタントが好むタイプの取り決め（しかも毎年、見直さないといけません）ではありません。

私たちはラルフとの契約内容を一度も更新していません。1986年時点で彼にとっても私にとっても納得のいく内容でしたが、それはいまでも変わらないのです。ほかのすべての子会社の経営者との報酬の取り決めも同様にシンプルなものです。もちろん経営者が会社を部分所有するケースもあるなど、企業の経済的特徴に合わせるために契約の中身はそれぞれ異なります。

つまり、スコット・フェッツァーとの取引には、2つの非常にタイプの異なる契約が並存していることになる。正式な買収契約（あり得ないほど短いが）と正式ではない雇用契約（明らかに重要な報酬条項が含まれているが）だ。そこには真っ当な理由がある。買収契約は具体的な目的――株主に買収を承認してもらい、取引をクローズさせて所有権を手渡すこと――に資するもので、一度限りの役割を果たす。どれほどお互いを信頼しているかが重要で、条項は少ないほど望ましく、ほかのことには一切言及せずに、重要な点だけにできるだけ焦点を絞ることが容易だ。

対照的に、雇用契約は期間の定まらない労使関係を扱うものだ――シェイが75歳でCEOを退任するまで14年もの年数が経った。報酬やインセンティブはもちろん重要だが、何が最も重要かはわかりにくい。そのため、雇用契約で社員の義務を明示するときには、会社の利益のために「最善の努力」を尽くすよう求めるなど、大雑把な一般用語を使うのが通例となっている。その解釈は信頼に左右される部分が大きく、言葉が意味する具体的な義務を読み解くには文脈に注意を払う必要がある。

バークシャーは経営者との雇用契約を買収後もそのまま持ち越すことが多い。2000年に買収したミッド・アメリカン・エナジー・カンパニーの社長だったデイヴィッド・ソコルのケースを見てみよう。

契約書はシングルスペース（行間がない書式）で15ページにのぼり、複雑な解雇規定を含め、非常に詳細な内容にわたっていた。

ソコルはバークシャーの子会社の中で最も注目されていたCEOのひとりで、バフェットの後継者と広く目されていた。ところが2014年、彼がフロントランニングを行った――バフェットに買収候補企業として売り込む前にその企業の株式を購入した――として、バークシャーは論争の渦に巻き込まれた。その際、彼との雇用契約は極めて重要な意味を持っていた。「正当な理由」という厳格な定義で解雇を制限していたからだ。

「正当な理由」の定義は425の単語で定められていた。「willful（故意の、意図的な）」といった単語の法的概念をさらに細かく定義し、「甚だしい」不正行為や「実証できる」損害といった修飾語も加えられていた。至らない点に関して事前に警告することや、規定の基準を満たした取締役会決議の通過も要求している。厳格で解釈の余地のない解雇要件を提示するもので、裁判所は法律辞典で「willful」の意味を調べる必要すらないのだ。

ラルフ・シェイとの契約のように、あいまいな契約を交わしている幹部について考えてみよう。契約は一定の年数という期間を定めており、解雇するには正当な理由が必要となる。ただ、何が正当な理由かは一般的な法的定義と契約の具体的な内容に左右される。

おそらくフロントランニングは正当な理由にあたると考えられるため、あいまいな契約の下ではソコルは解雇されていただろう。結局、一度失われた信頼関係は容易には修復できない。

ただ、バークシャーではなく買収前のミッド・アメリカン・エナジーが交渉したソコルとの契約では、解雇は難しかった。ソコルの弁護士は雇用契約ではフロントランニングは認められているとさえ主張する始末だ。

最終的にバークシャーは定められた手続きに従って、ソコルを解雇した。詳細な契約条項——信頼ではなく、機械的な法律用語によって定められた条項——が定められていたことで、バークシャーには骨の折れる作業が必要とされたのだ（エピローグでもこのエピソードを別の視点から取り上げる）。

■ 字義と精神

契約が正式か、正式ではないかに関して争う際に論点となるのは、契約の字義と精神、果たしてどちらが重要かということだ。この問題に関して、バークシャーには2つの対照的な事例がある。一方では正式に交わされた契約が破られ、もう一方では正式ではない約束がしっかりと守られた。

2000年に買収した塗料メーカーのベンジャミン・ムーア&カンパニーと2013年に買収した調味料メーカーのH・J・ハインツ・カンパニーの事例で、いずれも歴史や経営の点で同族色の濃い上場会社だった。ベンジャミン・ムーアは大きな小売店での販売ではなく独自の流通システムを使った販売に長くこだわってきたという特徴、ハインツは生誕の地であるピッツバーグに変わらない忠誠を誓ってきたという特徴があった。

両社には1つ大きな違いがあった。ベンジャミン・ムーアに関してはバークシャーが全株式を買い取った一方、ハインツに関してはプライベート・エクイティである3Gキャピタルとの共同買収で、3Gが大半の株式を取得した。

ベンジャミン・ムーアとは、正式な買収契約書に加え、ムーア家のメンバーやほかの関係者に買収への協力を確約してもらう株主同意書など、いくつかの契約が交わされた。公開資料で明らかにしているように、すべての関係者が同社にとって独自の流通システムを維持することは極めて重要だと認識していた。

正式な買収契約書の文言には、その点に関しての誓約はなかった。買収が成立して間もなく、販売業者の不安を伝え聞いたバフェットはビデオを通して、流通システムをこれまで通り維持し、大手の小売店を通して販売することはないと言明した。後任のCEOが立て続けに経営上の必要性からその約束を反故《ほご》にしたいとほのめかすと、バフェットは約束は破れないと言って、そうした動きを牽制した。

ハインツとの買収契約書では、丸々1節を同社のピッツバーグとの文化的つながりに割いていた。「買収が成立した後も、ペンシルバニア州ピッツバーグにある現本社は変わらず存続会社の本社であり続ける」と宣言している。

バークシャーが共同所有する買収目的子会社（「ペアレント」と呼ばれる）が作成した契約書では、「買収後も、ペアレントは存続会社に企業の遺産を守ってもらい、ピッツバーグでの慈善活動をサポートしてもらう」と約束している。

契約書ではハインツ・フィールドと呼ばれるピッツバーグの運動競技場の命名権についても言及しており、その名称を維持するよう求めている。さらに買収についてのプレスリリースを出す際に、その誓約について触れるよう求めている。

ところがハインツの買収から1年も経たずに、3Gが任命した経営陣はピッツバーグ本社で働く300人の社員を解雇した。ハインツがシカゴに本社を構えるクラフト・フーズ・グループと合併してクラフト・ハインツ・カンパニーとなったときも、ピッツバーグ本社ではさらなるリストラが断行された。

同社は二本社制を採用しており、ピッツバーグに関する契約を守っていると主張したものの、地元の人たちは空洞化とシカゴへの本社機能の移転を感じていた。同社の行動は契約には違反していないかもしれないものの、当然のように疑問の声が上がった。ベンジャミン・ムーアのケースでは細心の注意を払って非公式な約束が守られた一方、ハインツのケースでは詳細にわたる正式な契約がテクニカルに運用されてしまったのだ。

ムーアでは販売業者からの懸念が伝わる中で、既存の流通システムを存続させるという約束が彼らに対して直接、はっきりとなされた。販売業者として残ってほしいと説得を受けた彼らには、きちんとバフェットにその約束を守ってもらう資格があった。つまり、約束の履行を保証してもらえる状況だったのかもしれないのだ。

一方、ハインツでは同社のアイデンティティを維持するという長期にわたる誓約はあったものの、文言自体はそれほど明確ではなく、厳密でもなかった。例えば、具体的な期間は明示されず（ただ「買収後」と繰り返しているだけ）、明確な基準もなかった（「遺産を守り」、「慈善活動をサポートする」というあいまいな言葉だけ）のだ。

加えて、ハインツの誓約はあくまで買い手側が自ら立てたものだ。買収が成立した後は企業は彼らのものとなるため、仮に誓約を破ったとしても自分たち自身を訴えることはない。契約書はオプション（株式を売買する権利）の保有者や損害賠償でカバーされる社員など、契約書で言及されている特例の者を除いた第三者が、同社を訴える権利を拒否している。例えば、ピッツバーグ本社の社員、ピッツバーグにおける慈善団体、ハインツ家に関する文言はない。形式的には誓約はないようなもの、もしくはせいぜい訴える人のいない誓約のようなものにすぎないのだ。

それでは、状況証拠はどうだろうか？

信頼を重視するバフェットにとって、契約書はあくまで誓約を形に残しておくためのものだ。ピッツバーグに対する誓約と第三者が訴える権利を拒否する条項――その条項が具体的に何を意図していたのかを判断するには、さらなる情報が必要となる――の間には矛盾があるとの見方もあるだろう。矛盾の存在自体がピッツバーグに対する誓約があくまで宣伝目的だったことを示唆している可能性もある。もしだましているように見えるのであれば、ピッツバーグの利害関係者には法廷で主張を認めてもらうしかない。

流通システムを維持するというムーアとの約束は、契約上の誓約というより、あくまでバフェットの個人的な意図を保証したもののように見える。企業を永久保有するという誓いと似た形のものだ。同様に、ハインツとの契約はあくまで「当面の間の意図」を表明したものなのかもしれない。パートナーシップの誓いと同じで、法的拘束力のある誓約というより、むしろビジネス上の信念に近いものだ。ハインツでの契約とその後の行為は、信頼を基盤としたバークシャー的アプローチというよりは、買収した企業に対する典型的な買い手企業のアプローチのように見える。3Gが買収に加わっていたことが、おそらくそうした違いを生み出したのだろう（この買収とプライベート・エクイティ全般についてはChapter7でも扱う）。

企業買収の歴史にはある有名な言葉がある。「テキサスでは、握手だけで契約が成立する」。テキサスの陪審員団は1985年、ゲッティー・オイルとペンゾイルの間の合併を不当に破談させたとして、テキサコに対して有罪評決を下した。両社の間で正式な買収契約書は交わされていなかったものの、100億ドルの支払いを命じた陪審員団の評決によってテキサコは倒産した。[※7]

法律にしても公共政策にしても、人々は非公式の約束にも拘束力があると思っている。たとえ法的な誓約は正式な契約書の形で残さなければならないとわかっていても、こうした慣習にも注意を払う必要がある。法律の字義と取引の精神、いずれも尊重することが正しいのだ。

Chapter ⑤

取締役会――バフェットの人材育成術

ウォーレン・バフェットが取締役の候補者に関して知りたい1番目の疑問は、その人物が株主重視かどうかだ。株主と信頼関係を構築するには、取締役にそうした人物を多く任命することが最善なのだ。

取締役会において、信頼は欠くことのできない要素だ。取締役会の最重要任務、つまり卓越したCEOを選べるかどうかはこの信頼にかかっている。その他のあらゆる任務は二の次だ。優れたCEOさえいれば、取締役会に大きな課題が降ってくることはほとんどなくなるからだ。

ただ、それほどことがうまく運ぶ取締役会は多くない。そのため、バフェットは上場企業の取締役に関しては、さらなる指針を定めている。彼は数多くの上場企業の取締役を務めており、自分は「マゾヒストの顕性(優性)遺伝が強いようだ」とジョークを交えて言ったことがある。[※1] 取締役の職を通じて、彼は300人以上の取締役や多くのCEOと交流している。

バフェットが最も優秀なCEOとして名前を挙げる人物として、キャピタル・シティーズ・コミュニケーションズのトーマス・S・マーフィー、ウォルト・ディズニーのロバート・アイガー、ワシントン・ポスト・カンパニーのキャサリン・グラハムらがいる。

ここで名前を挙げたCEOは全員、バフェットの実践的な審査をパスしている。つまり誰もが信頼し、自分の子どもを喜んで結婚させてもいいと思える人物だということだ。

CEOはパフォーマンスを基準に評価されるべきだとバフェットは述べている。社外の取締役が基準を策定し、それを基にCEOを評価すべきだというのだ。基準はあくまでその企業の事業内容や文化に合わせて策定すべきだが、株主資本利益率、1株当たり時価総額の増加といった基本的な基準は必ず重視しなければならない。

パフォーマンスは四半期ごとの利益や関連する目標値の達成度合いを基に評価すべきではない。むしろ企業がアナリストに収益予想を提供しない方が経営は良くなるとバフェットは主張している。取締役はCEOに収益予想は必要ではなく、株主の利益にもならないということを伝えた方がいいかもしれない。

企業にはたったひとりの不在オーナーしかおらず、そのオーナーの長期的利益になることを可能な限りすべて行う。信頼の土壌を育むには、取締役にそうした心構えが必要だとバフェットは説明する。「長期」という期間を設けることで、CEOの規律が緩むことのないよう、取締役は独自に策を講じる必要がある。企業のリーダーはあくまで数四半期ではなく、数年というスパンで事業を考えるべきだが、株主の忍耐にいつまでも甘えて合格点以下の業績が続くことを正当化してはいけない。そうならないようにするために、取締役が自社の株式を個人としてまとまった数保有すれば、本当の意味でオーナーの立場に立つことができる。

バフェットが身を持って実行していることだ。彼は生粋の株主擁護者であり、彼が取締役を務めている企業はすべて、バークシャーが大株主となっている。有名な企業を挙げると、キャピタル・シティーズ／ABC（1986〜1996年）、コカ・コーラ・カンパニー（1989〜2006年）、ジレット（1989〜2003年）、クラフト・ハインツ（2013〜2016年）、ソロモン（1987〜1997年）、USエアウェイズ・グループ（1993〜1995年）、ワシントン・ポスト・カンパニー（1974〜1986年と1996〜2011年）。

バフェットの取締役としての在任期間は長期に及ぶ。前述した企業のうち、2社を除いてすべての企業でバフェットが取締役を退任したのは、その企業自体がなくなったからだ。キャピタル・シティーズ／ABCはディズニーと、ジレットはプロクター＆ギャンブルと、ソロモンはトラベラーズ保険と、USエアウェイズはアメリカウエスト航空とそれぞれ合併し、ワシントン・ポスト・カンパニーは分割して売却された。例外の一つはクラフト・

ハインツで、バークシャー副会長であるグレッグ・アベルが職を引き継いだ。

もう一つの例外がコカ・コーラだ。バークシャーは長い間、同社の大株主――当時で80億ドル、現在ではおよそ200億ドル相当の価値――であったにもかかわらず、カリフォルニア州職員退職年金基金（カルパース）とインスティトゥーショナル・シェアホルダー・サービシーズ（ISS）が2005年、バフェットの取締役としての独立性に疑問を呈したのだ。デイリー・クイーン・コーポレーションなど、バークシャーの多くの子会社がコカ・コーラの顧客であることを指摘し、彼らが定めている取引関係のルールに違反していると訴えた。

その後の取締役の選任において、バフェットの不支持に回ったのは株主の16パーセントだったため彼は再任されたものの、バフェットは退任の道を選んだ。彼の独立性に疑問を呈した人々の考え方には賛同できないものの、バフェットは不支持の票を受け入れ、先例をつくったのだ。一定数の不支持を受けた取締役は退任すべきだということだ。

ただ、彼らの主張は正当なものではなかった。カルパースもISSもバフェットがコカ・コーラにおいて信頼できる管財人の役割を果たしたかどうかを問うてはいない。チェックリストの項目を参照するのではなく、きちんと状況を見極めなければ、その疑問には答えられなかっただろう。

もしCEOのパフォーマンスが、社外取締役が設けた基準に未達の状態が続けば、取締役会はそのCEOを解任しなければならない。監督対象となるほかの経営幹部にも言えることであり、不在のオーナー自身であれば必ずそうするはずだ。さらに、取締役は経営者が無理な経営——熱狂的企業買収、私利私欲に突き動かされた取引を通して私服を肥やす行為、社内スキャンダルや危機の際の近視眼的対応——をして株主に損失を与えないようにするための、株主資本の管財人でなければならない。

こうした問題はすべて信頼を損ねる。これらの問題に対処するために、取締役の行動は公平、迅速、果断でなければならない。危機の際におけるバークシャーのマントラ（真言）は「真相を理解し、膿を出し、乗り越える」だ。[※2] 前述したソロモン・ブラザーズの1991年の債券トレードにからむ不正が典型的なケースだ。CEOのジョン・グッドフレンドは違法であることを知りながら、きちんと問題に対処しなかった。当事者を解雇せず、取締役会や規制当局へも報告しなかった。深刻な問題を知った取締役は、すぐにグッドフレンドの辞任を要求した。気の進まないバフェットを後継に任命し、ソロモンの再建と企業文化の作り直しに当たってもらった。

信頼を損ねる行為など、経営やガバナンスに関する問題に気づいた取締役は、すぐにほかの取締役に注意を促すべきだ。十分な数の取締役を説得できれば、協調して問題解決に当たることが容易になる。

近年の米国では、コーポレート・ガバナンスの問題に対応する上で信頼よりも機械的アプローチが優先されてきた。例えば、会長とCEOの役割の分担、取締役会の拡大、独立した社外取締役の任命、新たな倫理規定の採用、新たなコンプライアンスプログラムの作成、監督のための複数の委員会の設置などだ。

そのような取り組みを通じて組織の健全性は高まるものの、企業文化を定義づける非公式の規範の方がより影響力は大きい。信頼の文化を育み、それを維持することこそが取締役の果たすべき役割だ。信頼できるCEOを任命し、株主の信頼を勝ち取るのだ。

取締役を長期の大株主と交流させるべきだとバフェットは言う。株主投票にかけられる問題については、企業の永続的な価値に影響を与えるため、取締役と大株主の双方が話し合うべきだ。取締役が株主の見解を把握できるよう、取締役と株主の相互のアクセスを求めるべきなのだ。

バフェット曰く、取締役会には独特の空気があり、一流の取締役でさえも過ちを犯すことがある。お行儀の良い人々が多いため、ある種の話題——買収の成否、CEOの後継など——を会議の場に持ち出すことが、夕食でゲップをするような不適切な行為に思えてしまうのだ。

会議室の空気を変えるべきだと、バフェットは主張する。

どうやるかはその企業の文化や参加者の性格次第で変わってくる。正式な会議だけではなく、食事会や勉強会のために取締役を招集してもいい。すべてが信頼関係を構築し、より活発な話し合いとより良い判断を促す外交の場になる。

ここでも株主は大切な役割を果たすことができる。数社の大手機関投資家が協調し、不快な対応を黙認する取締役に対して不支持を表明することで、効果的にコーポレート・ガバナンスを改善できる。残念ながら「この種の協調行動が、企業のスチュワードシップに意味のある改善をもたらす唯一の方法である」場合もあるとバフェットは言う。※3
結局、取締役会が自分たちの後任選びを任せられたとしたら、後任の取締役にはどのような能力や性格を求めるだろうか？ その答えは、企業特有の事業や文化に照らし合わせて経営者を雇って監督でき、株主重視で、積極的に関与し、はっきりと意見を述べ、コミュニケーションに長け、賢明な人物だ。勤勉さや用意周到さ、会議への出席など基本的な性格や習慣は不可欠だが、何よりも大切なのは信頼できるかどうかだ。

信頼できる取締役を選ぶことさえできれば、企業は最良の成果を出せる。そして取締役は傑出したＣＥＯを任命し、その人物に経営を任せておけばいいのだ。

Chapter ⑥

社内事情——世の中の逆を行く「非ガバナンス」の組織

バークシャーモデルの存在は、ガバナンスの設計や企業体制に関して様々な多様性がまだ残されている可能性を示唆している。取締役会の性格や義務、ＣＥＯの権限、組織管理の方法（信頼か内部統制か）を含め、その影響は多岐にわたる。過去30年間、これらすべての点において、米国内の政策はバークシャーとは正反対の方向に進んできた。

バークシャーがいまのような傑出した企業になるまでの期間、特にその後半では米国企業における取締役の役割は諮問から監督に移行した。人々は複数の観点から、社外取締役こそがガバナンスが抱える課題を解決する方策だと喧伝し、取締役の専門性よりも独立性の方がますます重視されるようになった。

こうした変化は、バークシャーの取締役が持つ誇るべき特色——株主重視、事業に対する理解、組織の繁栄への尽力——の魅力を奪ってきた。取締役会が定期的に政治的な争いを鎮めたり、危機に対応する必要性が生じたりすることで、こうした動きが加速してきたのだ。欠陥はあるものの、取締役には独立性が必要だという訴えはもはやコンセンサスと

なった。[※1]

取締役の独立性は相変わらずコーポレート・ガバナンスにおいて喧伝されているものの、その専門性の重要性も見直されつつある。2002年の上場企業会計改革および投資家保護法は、取締役に金融や財務の専門性を求めており、2010年のドッド・フランク法は報酬委員会に対して同様の専門性を求めている。社内からの取締役の選任を求める声も出てきている。

バークシャーモデルは取締役会に専門性があることの重要性、さらに危機対応（経営幹部との雇用契約の解消など）や移行期の舵取り（退任後の企業文化の維持など）の際に審議できることの価値を証明している。

さらに取締役会が必要な理由、そして取締役会の権限が強大になりすぎることに反対する理由も示し、[※2]取締役会が昔ながらの諮問機関のままでも企業が成功できることも実証している。

1990年代以前はCEOが絶大な権限を持ち、取締役を選任し、従順で受け身の株主が好まれていた。ところが、独立した取締役会と株主アクティビズムの台頭がその力学を変えた。取締役と株主が影響力を拡大するにつれて、CEOの権限が制限されるようになったのだ。そうした変化の長期的な影響はこれから判明していくが、非常に大きなものに

なり得る。[※3]

バークシャーモデルはそうした変化に警鐘を鳴らし、CEOの権限の価値を思い出させてくれるものだ。実際、バフェットはこれまで偶像の罠には陥らず、慢心や放蕩とは無縁の企業家人生を歩んできた。そうした失敗がCEOにとって不可避ではないことを証明してきたのだ。[※4]バークシャーはバフェットの退任後は、彼が務めてきた会長とCEOの役割をふたりの人物に分散させる計画で、状況によってガバナンス設計を使い分ける柔軟性を見せている（後継者プランについてはChapter12で詳しく扱う）。

企業の社内問題のあらゆる部分で、バークシャーモデルは多様なやり方があることを示唆している。本章ではそのうち、統制、規範、株主重視について見ていく。

統制と信頼

過去40年の間、金融詐欺やテロリストの資金調達など国内で起きた様々な問題に対処する形で、企業の取り組みとして内部統制が最優先の選択肢となった。消費者価格のつり上げから労働者の安全性、環境保護にいたるまで、様々な問題に取り組む規制ツールとして普及してきたものの、効果的に機能しているのか、その莫大なコストに見合うのかなど評価は難しい。

企業の内部統制は20世紀初頭、企業がその目標を達成できるよう、社内プロセスの一環として始まった。当初はその効果について過大な期待はされていなかったものの、20世紀後半になり代表的な政策として利用されるようになると、徐々に見方が変わってきた。望まない出来事を未然に防ぐ効果が求められるようになったのだ。その期待が失望に終わるのは目に見えていた。

結局、統制によって達成できることはその性質上、限られている。企業の目標達成を支援するという目的で利用し、控えめな期待にとどめておけば問題はなかった。ところが問題の発生を事前に予防するというより野心的な成果を求めたことで、失望を生む可能性が高まったのだ。

制度的な風潮が、内部統制を魅力的な選択肢にしている。取締役の監督モデルの台頭が重要な役割を果たしており、内部統制はそうした監督モデルと相性が良く、取締役の監督を容易にするからだ。※5
また、規制緩和と協調的なコンプライアンスの流行が、内部統制を直接的な規制を代替してくれる魅力的な方策に押し上げた。さらに、連邦政府が州法を無効にすることに対する反発もあり、内部統制は企業の問題に介入できる連邦政府の政策として魅力的な側面も有していた。

企業の社会的責任を求める機運の高まりが、企業に対してよりしっかりとした説明責任を求めている。特定の企業のステークホルダーの利害に対応する内部統制は、まさにこの目的に合致しているように見える。会計士と弁護士を中心としたコンプライアンス産業が新たに誕生し、内部統制の設計、実行、評価における専門性がより深まっていった。

ところがそうした風潮や機運の結果、内部統制の中身よりも見た目の方が重視されるようになり、監査できることも求められた。その結果、米国企業は過大な期待を内部統制に寄せる傾向にあるのだ。※6

内部統制を最小限に抑え、信頼を重視するバークシャーのアプローチは、内部統制が必ずしもコンプライアンスやほかの望ましい効果をもたらすわけではないことを明らかにしている。政策立案者は内部統制を優先する現在の風潮から脱却し、より信頼を基盤とした企業文化を許容すべきだ。企業サイドもそうした文化を試みるべきなのだ。

ただ、バークシャーでさえも財務報告に関しては内部統制の必要性を理解し、その制度を維持している。バフェットがジョークを交えて言うように、「大バカ者になっては元も子もない」。※7

では、信頼と統制、規範と規則の適正なバランスとは一体どういうものなのだろうか？

■ 規範と規則

大半の従業員は信頼でき、自発的に会社の規則や法律に従う。ただ、それらに違反する人は一部出てくる。

なぜほとんどの人はルールに従うのに、一部の人だけがルールを守らないのか？　それはまだ答えの出ていない議論だが、主に2つの理論がある。

1つは費用便益分析と規則を基に、もう1つは善悪の感覚と規範を基に説明する。規則を重視する組織はコンプライアンスの文化を醸成するために、内部統制に重点的に投資する。一方、信頼を基盤とする組織は倫理的文化を醸成するために、規範に重点的に投資する。

規則を重視するアプローチでは、人間は合理的に富の最大化を図る存在であり、費用と便益の計算に従って規則に従うのか、破るのかを決める。[※8]

費用と便益の計算は、それぞれの企業で異なっている。例えば、規則の違反で得られる便益には、ある目標を達成することによって得られるボーナスが含まれ、費用には違反が見つかったときに受ける罰則（見つかる確率で割り引かれる）が含まれる。形式的な内部統制を実施し、公表し、規則を課し、定期的に再検討し、制裁を科すことで、企業のコストは増える。

一部の企業にとっては、従業員にコンプライアンスを優先させる仕組み、費用と便益の計算をさせないようにするための仕組みを設計するのは困難だ。インセンティブが生じる状況は異なり、退職までの年数や次の仕事が見つかりやすいかなど就労状況も異なるため、そうした多様性が仕組みづくりを複雑にする。企業には内部統制を強化するインセンティブがあるものの、それには負の影響もあり、イノベーションや進取の気性を阻む息の詰まる官僚的風土が生まれてしまう。

規範とはつまり、善悪の感覚のことだ。本能的に人が持っている行為の基準であり、規範から逸脱することは恥ずべきこととされる。※9目標を達成しようと努力することは奨励されるが、脱線したり近道をしたりしてはいけない。企業内で規範は様々な作用を通して形成される。他人思いの行動を経営者が評価するときに生ずる信頼、慣例的な期待に逆らう罪の意識、会社の方針でなされる勧告に応じる敬意などだ。

統制と信頼、どちらがどの程度重視されているのかは企業ごとに異なる。それぞれの企業文化次第で、どちらの方がうまくいくかも変わってくる。また、それぞれどの程度重視されているかが企業文化を形成する側面もある。

適用される基準が公平で、指針が正当につくられていると従業員が思えるとき、規範はその真価を最大限発揮できる。バフェットが正直さや誠実さを重視するのはそのためだ。彼は経営者に対してバークシャーの評判を損なわないことを求め、すべての従業員に彼のそのメッセージが届いてほしいと思っている。

企業規模も重要だ。大きなコミュニティよりも小さなコミュニティの方が、従業員は規範を守る可能性が高い。ただ、バークシャーは従業員数40万人、年間売上高2500億ドルの巨大企業だ。いかに問題を解決したのかと言うと、同社は数十の子会社へ大幅に権限を委譲した。子会社自体もさらに小さな数千のビジネスユニットに分割されている。そうすることで、従業員は抽象的なコングロマリットではなく、それぞれの事業に愛着を持つようになったのだ。

次に責任について見てみよう。信頼こそが大きなモチベーションとなっている。責任は自立を促すものであり、互恵主義を育む。そうした環境では、信頼されている人がその信頼の正当性を証明する。エイブラハム・リンカーンの言葉を引用すれば、「人々は正しく、十分に信頼されれば、その信頼に応えてくれる」のだ。

バークシャーの自立の慣習がまさにこれであり、多くのバークシャーの経営者たちはこれまでブルース・ウィットマンの次の言葉に共鳴してきた。「信頼されることで人はその信頼を得ようと力を尽くすのだ」。

期間も重要だ。期間の短い限られた目標（今四半期の1株当たり利益など）よりも、期間の長い広範囲の目標（10年間の投下資本利益率など）を提示している環境において、規範はおそらくより効果的だ。バークシャーの計画期間の長さと企業を永久保有するという約束は、まさにこの特徴に当てはまる。

要約すると、バークシャーの信頼を基盤とした企業文化は経営者の規範重視の姿勢、分権化、自立の促進、そして企業の永久保有のおかげで育まれている。それらに加えて、株主重視の姿勢がこのシステムをさらに強化している。

■株主重視

バークシャーがパートナーシップであるという強い想いの表れではあるが、バフェットは日頃から株主重視であることの重要性を説く。会社によって株主重視の心構えをいかに育むのかは異なってくるが、報酬の決め方が重要な役割を果たす場合が多い。これもバークシャーが分権化を進める理由の1つで、報酬はあくまで直属の上司が決めるようにしている。例えば、バフェットは本社の社員と子会社の経営陣の報酬を決め、子会社の経営者たちは自社の社員の報酬決定の責任を持つといった具合だ。

バークシャーでは一般的に、ストックオプションが報酬パッケージに含まれることはこれまでなかった。同社全体の業績の責任を担うのはバフェット以外にはいないため、彼以外の社員に株式の形で報酬を与えるのは不適切だからだ（将来的には、取締役会がグレッグ・アベルやアジット・ジェインなどの後継者に株式やストックオプションの形で報酬を与える決断をするかもしれない）。

ストックオプションとは対照的に、株式の保有自体はバークシャーでは推奨される重要な文化だ。例えば、バークシャーに企業を売却したオーナーの多くは、売却した企業の株式を保有し続ける。理由はそれぞれ異なり、バークシャーがそうすることを求めることがあれば、株主が求めることもある。ただ、双方が求めるケースが非常に多い。

バークシャーは買収後も、買収した企業の株主と経営者の関係性がそれまで通り維持されることを大切にしており、それも理由の一つだ。例えば、ショー・インダストリーズを買収したときも、ふたりの経営幹部とその家族にしばらくの間、株式の一部を保有し続けるよう要請した。売却するときには、バークシャーは純資産の増加分と連動した上乗せ価格でその株式を買うつもりだった。

バークシャーは同じような取り決め——支配権は獲得しつつも、一時的に創業家に株式の一部を保有し続けてもらう——をほかの2つのケースでも行っている。プリツカー家から買収したマーモン・グループとワートハイマー家から買収したＩＳＣＡＲ／ＩＭＣグループのケースだ。いずれのケースでも、買い手側と売り手側が双方、徐々に株式を委譲するという手法を前向きに評価した——創業家側は節税などの理由、バークシャー側はこれまでと変わらない点をアピールできるという理由だった。

バークシャーでは買収した際に、インセンティブを促す取り決めが多くなされる。例えば、２００１年に買収した建設資材メーカーであるミテックを見てみよう。英国企業の子会社として営業していた同社のシニアマネジャーたちは、バークシャーからの買収提案に乗り気だった。そのため、株式の1割を55人のシニアマネジャーに配分し、それぞれのマネジャーが10万ドル分の株式を保有することとなった。お金を借りてまで購入する人も多かった。彼らはオーナーとして企業の一部を保有したのだ。

バークシャーでは報酬に関する取り決めの多くが企業の利益と連動しており、経営者に株主重視の心構えを促している。代表的な例の一つが、Ｈ・Ｈ・ブラウン・シュー・カンパニーだ。バークシャースタイルを採用している会社で、米国の靴産業の中心地だったマサチューセッツ州ナティックでヘンリー・Ｈ・ブラウンが１８８３年に創業した企業に源流をたどることができる。ブラウンは1927年、29歳の起業家だったレイ・ヘファーナンに1万ドルで同社を売却し、ヘファーナンは1990年に92歳で亡くなるまで経営の舵を取った。

ヘファーナンの経営幹部には、通常とは異なる報酬システムが採用されていた。名目だけの給与に加えて、会社の利益の一部を成果報酬として共有する仕組みだったのだ。そうしたインセンティブ制度が奏功し、買収や革新的な商品（靴の素材に使うゴアテックスなど）を連発して安定的な成長を続けた。バフェットは決して同社固有の報酬システムに手を加えようとはせず、親会社が口を挟む問題ではないというスタンスを貫いた。

多くの人はバークシャーの報酬システムが傘下のどの企業でも同じだと思っているが、そうではない。特に驚くべきなのは、企業が違えば評価基準も変わり、それに伴い報酬やボーナスのスキームも変わってくるということだ。例えば、ガイコでは1年以上勤めたすべての従業員は会社の利益から分け前を得る。ガイコで最も重要なのは基幹ビジネスにおける顧客維持率と保険引き受け利益だ。対照的に、ジェネラル・リインシュアランスで重要なのはフロートの増加とフロートのコストを抑えることだ。

ベンジャミン・ムーアの販売業者とデイリー・クイーンのフランチャイズ加盟店は、企業オーナーと同じように売上高から費用を引いた額で報酬が決まってくる。そうしたオーナー経営者の制度を採用することで、費用を抑えられ、売り上げを伸ばすことができ、経営幹部は株主重視の心構えで会社を経営する感覚を持つことができる。

起業家は多くのモチベーションを抱えており、お金を稼ぐというのもその一つだ。フライト・セーフティのアル・ウエルッチとブルース・ウィットマンは、航空事業に対する情熱と効果的なパイロット訓練が必要だという個人的な想いに突き動かされていた。ブーツメーカーであるジャスティン・ブランズのジョン・ジャスティンは、彼のテキサスの家族が営むカウボーイブーツ事業のすばらしさを証明し、牧場生活とより密接なつながりを持ちたかった。３人はいずれもビジネスでの結果も求めており、それは最終的には利益で測られる。

ほとんどの起業家は個人的な達成感と利益を同時に求めている。経済的な成功をすでに収めた人でもそれは変わらない。バークシャー傘下企業のＣＥＯだってそうだ。いまでは金銭的な報酬を必要としない彼らも、事業を始めた当初から裕福と言える人はほとんどいなかった。例えば、グレッグ・アベル、ジム・クレイトン、アル・ウエルッチはいずれもホレイショ・アルジャー賞（逆境の中で社会的な成功を収めた人物に贈られる賞）を受賞している。金銭的な報酬が彼らのモチベーションになっていたのだ。

報酬によるインセンティブだけで特定の行動が促されるわけではない。何がその人のモチベーションになっているのかをきちんと把握する必要はある。企業オーナーという感覚はおそらく最良の判断の拠り所となるだろう。そうした感覚を経営幹部に植え付けるには様々な手法があり、バークシャーが分権化を好むのもそのためだ。現場を一番把握している人物が経営方針を決めるのだ。

その結果、バークシャーはどうなった？　スキャンダルや労働争議とはほぼ無縁の、株主重視の文化を実現できている（Chapter9ではその例外について説明する）。

バークシャーの副会長であるアジット・ジェインは、「バークシャーは大型のスーパーマーケットではなく、街角の食料品店の寄せ集めです」と述べたことがある。この言葉はまさにバークシャーという企業の社内事情を雄弁に語っている。大きな組織よりも小さな組織の方が信頼は損なわれにくいのだ。

Part 3

投資の掟

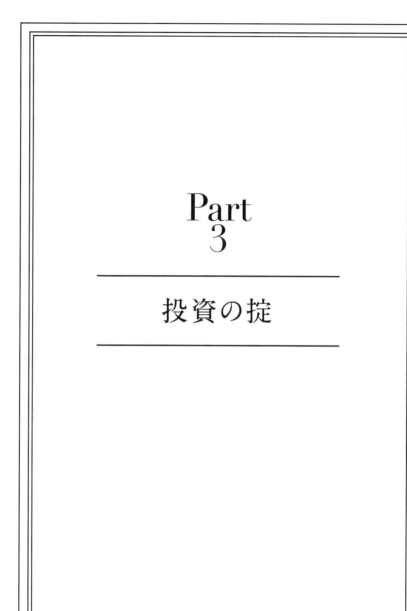

Chapter 7

対比――最初は「門外漢の乗っ取り屋」だった

バークシャーの際立った特徴は、ほかの一般的なモデルと対比させることでより鮮明に浮かび上がる。この章では、株主アクティビズム（物言う株主）やプライベート・エクイティ（PE）との対比を見ていく。株主アクティビズムとPEでも多くの面で信頼はある程度の役割を果たすものの、最も重要な特徴ではない。

実際、物言う株主のキャンペーンに共通するのは、現経営陣に対する信頼の喪失だ。物言う株主が推薦する取締役候補者名簿に名を連ねたことのある取締役であれば証言できると思うが、彼らのやり方は概ね信頼を損ねる（本書の著者のひとりであるローレンス・カニンガムは名簿に2度名を連ねたことがある）。PEの複雑な取り決めは信頼よりも、法律上の駆け引きや権力の力学に頼っている。

株主アクティビズム、そしてバフェットがいかに彼らを嫌っているのかをまずは見ていこう。

■株主アクティビズム

１９６５年、当時35歳だったバフェットは倒産しかけていたニューイングランド（米国北東部の地域）の企業、バークシャー・ハサウェイの支配権を獲得した。地元の新聞は記事の中で、門外漢の乗っ取り屋としてバフェットを描いた。まさにダニー・デヴィートが演じた「アザー・ピープルズ・マネー」の冷酷な主人公を彷彿とさせる清算人のような扱いだった。

事実、バフェットはバークシャーを割安な値段――１株当たり19・24ドルと２２００万ドルだった純資産のわずかな金額――で買い、最終的には同社の工場を閉鎖せざるを得なかった。ただ、彼はこれまでずっと敵対的買収や過度の借金、資産の転売など物議をかもすウォール街の手法には強く反対してきた。

バフェットは借金よりも現金を好み、企業を長期保有し、信頼する経営者を短期的な成果を求めるプレッシャーから守る。ウォール街を声高に批判するようになったのはそうした理由からだ。彼の言葉に耳を傾ければ、強欲の使徒というよりむしろグレゴリー・ペックが「アザー・ピープルズ・マネー」で演じた、企業を乗っ取り屋から守ろうとする高潔な防衛者のように聞こえる。

例えば、1991年に起きた債券トレードのスキャンダルの後、気が進まないながらもソロモン・ブラザーズの暫定的な会長を務めて議会の前で証言したとき、彼がソロモンのバンカーに向けて語った次の言葉は有名だ。「会社のために働いた結果、損失を出すことには理解を示します。ただ、会社の評判を少しでも損ねたとしたら、私は決して容赦しません」※1。

いつも批判を口にしながらも、バフェットはウォール街にとっては大切な友人でもあった。彼が一時的にソロモン・ブラザーズの会長に就任したのは、バークシャーが同銀を敵対的買収から守るために「白馬の従者」になったからだ。1987年のことで、同銀の筆頭株主が経営に不満を募らせ、株式の12パーセントをロナルド・ペレルマンに売却することを検討し始めていた。ペレルマンはレブロンの支配権を握った乗っ取り屋だった。彼の次の餌食になるのを恐れ、当時CEOだったジョン・グッドフレンドはバフェットの好意にすがった。バフェットは忠誠を誓い、利回り9パーセントにのぼる同銀の転換優先株を大量に取得した。

経営には口出しをせず、長期資金を提供してくれるというバフェットの評判は、ワシントン・ポスト・カンパニーの株式を大量購入した1973年までさかのぼる。バフェットはCEOのキャサリン・グラハムに忠誠を誓い、彼女はすぐにバフェットに取締役として経営に加わってほしいと要請した。1986年にキャピタル・シティーズ／ABCの大株主になると彼の名声はさらに広まった。同社の経営者であるダニエル・B・バークとトーマス・S・マーフィーのふたりに、バークシャーが保有する議決権を代理投票する権利を与えたのだ。

敵対的買収隆盛の時代、バークシャーとバフェットはチャンピオンやジレットなどの経営陣を敵対的買収から守った。また、アイヴァン・ボウスキーによる買収を阻止するために、スコット・フェッツァー・カンパニーを3億1500万ドルで買収した。同社はいまでもバークシャーの傘下にある。

優れた株主としての評判は、数十年という期間で見るとバフェットに莫大な利益をもたらしている。バークシャー以外に資金を提供できる機関がほとんどなかった2008年の金融危機の際に特に顕著で、バフェットは複数の金融機関に資金を提供したが、極めて有利な条件ばかりだった。

リーマン・ブラザーズの破綻からわずか25日という間に、バークシャーは計156億ドルもの資金を複数の企業に投じた。多くの企業が資金に飢えていたのだ。例えば、ゴールドマン・サックスの優先株を50億ドル分取得したが、10パーセントの配当がもらえる上、10

パーセントのプレミアムを乗せて償還できるという好条件だった。また、同社の普通株およそ50億ドル分を1株当たり115ドルで買える株式ワラント（新株予約権）を取得しており、市場価格は当時125ドルだったため、「イン・ザ・マネー」（利益が発生する状態）だった。

危機が収束した後、ゴールドマンは2011年に優先株を償還した。バークシャーは数年間、配当を受け取った上に、プレミアムを乗せて償還でき、利益の総額は18億ドルにのぼった。2013年初頭にはワラントを行使し、普通株を取得した。64億ドル分の株式を50億ドルの現金で取得する代わりに、その差額である14億ドル分の株式を手にした。バークシャーが手にした利益の総額は32億ドルにのぼり、ほんの数年で64パーセント稼いだ計算になる。合わせてゴールドマンの普通株3パーセントも取得したのだ。

一方、バンク・オブ・アメリカも経営難が続き、2011年にはゴールドマンと同じようにバークシャーに50億ドルの資金を求めた。バークシャーは配当6パーセントで、5パーセントのプレミアムを乗せて償還できる優先株を取得した。さらに、行使価格7・14ドルで7億株の普通株を取得できる権利も取得した。投資総額は120億ドルに満たないが、いまでは同銀の株式9・5パーセントを保有し、その価値は220億ドルを上回っている。

バフェットにはいくつもの顔があり、純粋主義者ではなく実用主義者（プラグマティスト）

だ──マーティン・リプトンともカール・アイカーンとも違う。株主第一主義だが、世界を代表する上場企業のＣＥＯでもあり、複数の企業の取締役という一面も持っている。彼が取締役を務める企業の中にも、物言う株主の標的となった企業がある。いくつもの顔を持つが故に、微妙で難しい立場になる運命にあるのだ。

バフェットが好む株主アクティビズムの形式は、企業外交と呼ぶべきスタイルだ。その方が彼の性格にはしっくりくる。例えば、物言う株主であるディヴィッド・ウィンターズが、２０１４年にコカ・コーラの経営幹部の報酬プランに対し公に反対するキャンペーンを始めたとき、バークシャー──当時、同社のおよそ１８０億ドル分の株式を保有──にもキャンペーンへの支持を求めてきた。

バフェットはコカ・コーラのＣＥＯであるムフタ－・ケントや取締役だった息子のハワードを個人的に仲間に引き入れ、裏で反対の声が上がっていた報酬プランを修正しようと画策した。アメリカン・エキスプレスでも２０１６年に同様のことが起こったが、同社の経営陣と経営戦略の刷新を求めた物言う株主であるジェフリー・ウッベンからの申し入れをバフェットは断った。長くＣＥＯを務めていたケネス・シュノーとの直接の話し合いを選んだのだ。

ただ、自身の存在が無視された場合には、バフェットも昔ながらのウォール街のルールに従って株式を売却する可能性が高い。例えば、バークシャーは1986年からキャピタル・シティーズ／ABCの大株主だったが、ディズニーが1996年、株式交換で同社を買収したとき、彼はすぐにディズニー株を売却した。

バフェットは決して公の場でCEOであるマイケル・アイズナーの企業戦略やリーダーシップを批判したりはしなかったが、両社の文化の違いは明らかだった。ほとんどの経営者は忠実な大株主による株式の売却の脅しには対応する。バークシャーが株を手放すとなればなおさらだ。

バフェットの株主アクティビズムの最も知られているケースは、ソロモン・ブラザーズでグッドフレンドを解任し、会長の任務を引き受けたことだ。そのときでさえも、彼は個人を名指しで非難することはなかった（信頼を基盤としたモデルでは、褒めるときは名指しで褒め、非難するときは事業や部門を非難することは覚えているだろう）。

■プライベート・エクイティ（PE）

バークシャーの好みは、かつてはレバレッジド・バイアウト（LBO：買収先企業の資産やキャッシュフローを担保に買収のための資金を調達する買収手法）のファンドとして知られていた

ＰＥと対比させることができる。ＰＥやＬＢＯのビジネスモデルや哲学は、ほとんどあらゆる面においてバークシャーとは対極にある。

これまで数多くの米国企業を売り買いしてきたＰＥ産業は、巨額のローンを組み、Ｍ＆Ａ助言で手数料を荒稼ぎし、コンサルティングサービスも手掛けることでさらなる収益を上げてきた。

巨額の借入金に頼って個別企業を買収し、経営に介入し、売却するためのファンドを組成するのがＰＥのビジネスモデルだ。典型的な買収では、資金の少なくとも７割が負債で賄われる。※2

さらに、ほとんどすべて――１～２パーセントを除き――の株式はＰＥ自体ではなく、年金基金や大学基金、富豪、政府系投資ファンド、銀行、保険会社など、仲介業者が私募で勧誘した外部の投資家が保有する。※3

ファンドは会社形態としてはパートナーシップと呼ばれる。ＰＥが無限責任のゼネラル・パートナーであり、投資家が有限責任のリミテッド・パートナーだ。ただ、両者の間にはヒエラルキーが存在し、多くの利益相反がある中で、ゼネラル・パートナーがあらゆる采配を振る。※4

ゼネラル・パートナーであるＰＥは、投資家というよりはむしろ様々な手数料を取る仲介業者だ。通常、PEは「管理手数料」として投資資金の2パーセントを取り、さらに投資リターンのうち一定の率（通常は8パーセント）を上回った部分の2割を「成功報酬」として受け取る。

さらに、PEは買収した企業の取締役を務めたり、戦略コンサルティング、経営幹部のリクルーティング、M&Aアドバイス、資金調達アドバイスなど、様々なサービスを手掛けて幅広い手数料を受け取ったりする。

PEが買収した企業を売却するまでの期間はかなり短く、バークシャーのように永遠に保有し続けるということはない。最短の期間で最大の利益を得てエグジットすることを念頭に、株式の取得やその後のあらゆるステップが実行される。出口戦略なしに買収が行われることはない。理想的には株価にプレミアムをのせて上場させる、もしくは戦略的買い手やほかの金融機関に売却するのだ。

ファンドや企業に対するあらゆるサービスと同じで、売却までにいたる過程でも手数料を徴収する。買収や売却のときには、バークシャーのような長期投資家が行う昔ながらの企業分析ではなく、株価収益率（PER）など形式的なバリュエーションを好む。※5

買収した企業の経営陣の刷新は、あらゆる買収計画で行われることだ。留任してもらうこともあるかもしれないが、経営不振の責任を現経営陣に負わせることが多いため、買収後には入れ替わることが多い。ＰＥは必ず経営に深く介入する。新しい経営陣には計画通りに実行するよう細かく指示を出し、その後も注意深く監督する。

コスト削減は計画の一部であることが多く、工場の閉鎖や人員の解雇、研究開発費の削減、製品の廃止、年金支給の減額など、明らかに短期的な利益だけを目的とした荒療治が断行される。長期的にどのような影響をもたらすのかは関心の対象外だ。

多くの買収で金融工学が駆使され、そういった仲介サービスはすべて大掛かりかつ高額になる。セール＆リースバック（買収した企業が所有していた資産を売却し、その後リースして継続使用する）[※6]や配当リキャピタリゼーション（買収した企業に借金をさせて、その資金を配当の支払いなどに充てさせる）[※7]といった手法であり、軽蔑の意味も込めて資産剥奪と呼ばれることも少なくない。[※7]これらの取引は企業と投資家の間に割って入る無数の仲介業者――ゼネラル・パートナー、リース代理店、会計士、バンカー、弁護士など――によって設計・実行される。それぞれが報酬を受け取るが、ゼネラル・パートナーの取り分が最も多い。費用を負担するのは従業員、サプライヤー、顧客、コミュニティ、債権者などその他のステークホルダーだ。[※8]

ＰＥは投資家というよりむしろ仲介業者であるため、投資家より過大なリスクを取る傾向にある。株主資本利益率の上昇によってもたらされる利益は大きいが、過剰債務による痛みはほとんどない。それがハイレバレッジの魅力なのだ。買収した企業が成功しようが失敗しようが、PE自体は手数料を稼げる上、金融機関などほかの仲介業者にも手数料や利息収入をもたらすことができる。

PE産業は一般社会でも政治の世界でも大きな影響力を持つ。例えば、連邦所得税法が一つの例で、PEのキャリード・インタレスト（投資による成功から得る成功報酬）は通常の所得としてではなく、税率が半分の20パーセントに抑えられるキャピタルゲインとして扱われてきた。[※9] こうしたPEに対する税制優遇は、2018年の大幅な税法改正まで存続してきた。

また、ほかの金融機関には注がれている当局からの監督の目も逃れてきた。規制もほとんどなく、透明性も限られているため、自分たちが持つ価格支配力の組織的な調査も容易にできる。批評家がそうした優遇の改正を求めても、PE産業はこれまでうまく批判をかわしてきた。[※10]

■バークシャーとPE

バークシャーとPEはいずれも企業を買収する会社であり、そういう意味ではライバル関係にある。ただ、両者が売り手に提供するものは大きく異なる。バークシャーはすべての資金を自ら出し、買収した企業には短期的なプレッシャーを与えることなく、それぞれの企業文化の中で永続的に自立した経営をしてもらう。ＰＥは自分たちではほとんど資金を出さず、ほとんど借入金で賄い、様々なリミテッド・パートナーを仲間に引き入れ、買収した企業の経営や財務に大きく手を加え、短期間で多額の手数料を稼ぐと同時に借金を返済し、外部の投資家にもリターンをもたらす。

買収後の企業の扱いも異なる。バークシャーが買収した企業がすべて成功するわけではないものの、ほぼ売却されることはない。一方、ＰＥが買収した企業もその後の成否は分かれるが、ほぼすべての企業が売却される。

また、ＰＥは自分たちに対する手数料やリターンを要求しながら、ほかのあらゆるステークホルダー――従業員、退職者、サプライヤー、顧客――よりも株主へのリターンを最も重視する。バークシャーモデルも株主ファーストではあるが、長期的にはほかのステークホルダーの利益も同様に大切にする。

例えば、買収した企業の労働コストが高かったとしよう。もしエグジットが2年後であれば、すべてのコスト削減を2年以内に実行せねばならず、従業員の解雇や賃上げ凍結も必要となる。もしエグジットがなければ、10年という長い期間をかけて徐々に費用を抑えることができ、人員の自然減や賃上げの抑制などで対応できるかもしれない。バークシャーのアプローチは必ずしも利他的というわけではなく、長期的には株主に対して高い資本利益率をもたらしてくれる。[※11]

バークシャーモデルはウィンウィンの関係を求めているのだ。

もちろん、バークシャーモデルにも短所はある。買収を自力で行うことで、第三者によるチェックが十分に行われず、失敗のリスクが生じる。子会社の経営者に経営を任せることで、きちんとした調査や監督がなされないまま過ちが起きることもある（この問題についてはChapter9でさらに詳しく扱う）。

バークシャーとPEの違いは、両者の根元的な文化の違いを反映したものだ。PEのモデルでは、巨額の借り入れとそれに伴うコベナンツによって、短期的なリターンが押し上げられるだけではなく、「経営に厳格な規律が課せられるため、経営陣にはコストを抑え、さらに自分たちが計算した価値よりも高く売れる事業を切り離そうというプレッシャーが働く」[※12]。

バークシャーの文化には、そうした外部から与えられる緊張感は必要ない。信頼こそが組織に根付いた基本的価値だからだ。規律を課すためのコベナンツがなくても、コストは最小限に抑えられる。企業を売却するという考えは、バークシャーという組織をいつまでも結束させることを目的とした永続性の価値観とは相反する。バークシャーには末端の子会社まで浸透する濃厚な企業文化がある。それとは対照的に、ＰＥの間には共通するような企業文化はないのだ。[※13]

ＰＥはバークシャーと同じ意味での企業ではない。バークシャーは株主がオーナーの企業体であり、数百の事業会社と永久保有目的の投資資産から成り立っている。一方、ＰＥは株式ファンドとして組成された個別のリミテッド・パートナーシップの集合体であり、それぞれのファンドが10年以上存続することはめったにない。買収した企業を保有し続けようとするコングロマリットとは違い、ＰＥは儲けられるうちにできるだけ早く売却したいと考えている。

■３Ｇの奇妙な事例

バークシャーとＰＥの間には対極的な企業文化の違いがあるにもかかわらず、バフェットはいくつかの買収でＰＥ大手の３Ｇキャピタルと組んだことがある。周囲は眉をひそめ、株主からは疑問の声が上がった。両社はハインツを50対50の出資比率で買収し、２年後にはクラフトと合併させた。クラフト・ハインツはユニリーバにも買収提案をしたが、その後撤回した。いずれもバークシャーよりPEの手法に近いアプローチが採用されており、ここで詳細に見ておこう。

2013年、ハインツは当初3Gからの買収提案を断っていた。3Gは買収価格を1株当たり70ドルから72・5ドルにつり上げ、本社所在地を含めてピッツバーグのルーツと遺産を守ると約束することで、ハインツに翻意を促した。ところが後にハインツがシカゴに本社を置くクラフトと合併すると、それらは空約束となった（この点についてはChapter4で詳しく取り上げている）。3Gは買収した後、企業の経営に介入し、人員削減を断行する。バークシャーとは正反対のモデルだ。3GのアプローチはPEの典型的なアプローチであり、消費財企業で中枢を担うプロダクトマネジャーや製品開発者のアプローチではない。

批判を予想したバフェットは、2013年の株主への手紙の中で次のように言及している。「ハインツの買収はプライベート・エクイティの手法と類似する部分はありますが、決定的な違いがあります。バークシャーは決して買収した企業の株式を売るつもりはありません」。2014年には、人員削減の決断がバークシャーではなく3Gによるものだと述べ、周囲の批判をかわした。「ハインツは私よりも3Gのリーダーシップの下でずっと良い経営がなされていると認めることを恥ずかしいとは思いません」。

ただ、そうした説明では納得しないしつこい批評家もいたため、翌年の手紙でさらに詳しく説明している。手紙ではまず、バークシャーと3Gが共有する思いについて述べている。「私たちは人々の基本的なニーズや欲求を満たす大きな企業を買収し、成長させ、保有し続けたいという熱い想いを共有しています」。続く言葉は、ややトーンダウンする。「ただ、その目標にたどり着く道がそれぞれ異なるのです」。さらに両社を比較した上で、3Gの手法をしっかりと擁護する。「彼らの手法――これまで見事な成功を収めてきました――は、不要なコストを削減できる機会のある企業を買収し、それから――即座に――そのための作業を実行するのです。結果的に企業の生産性は大きく改善します。生産性の向上は過去240年もの間、米国の経済成長を押し上げてきた立役者です」。

その後もバフェットは両社の比較と対比を繰り返す。

バークシャーでも効率性を強く追求し、官僚制度を嫌います。ただ、経営目標を達成するために、私たちはコスト意識の高い効率的な経営陣によって経営がなされてきた企業を買い、過剰人員や過剰経費の「回避」を重視するアプローチを取ります。買収後の我々の仕事は、ＣＥＯ――そして同じ考え方を持つ彼らの後継者たち――が経営の効率性を思う存分追求し、仕事を楽しんでもらえる環境を整備することです。バークシャーでは引き続き――他社で類を見ないほどの――極端な分権化を押し進めた経営を続けるつもりです。そして（３Ｇの）ホルヘ・パウロと組める機会も探していくつもりです。

３Ｇの創業者であるホルヘ・パウロ・レマンはバフェットの昔からの友人で、良き相談相手でもある。ジレットの取締役を一緒に務めた１９９８年以来の仲だ。彼はレマンを信頼していると言い切っている。その一方で、バークシャーのユニークさについても改めて強調している。

ただ、バークシャーは友好的な買収をするパートナーとしか手を組みません。付言しておくと、ある種の敵対的買収は正当化されます。ときどき自分たちが株主のために働いていることを忘れるＣＥＯがいます。哀れなほど無能なＣＥＯもいます。いずれの場合においても、取締役は問題の本質が見えていないか、単に必要な変化を嫌っています。そんなときには新たな顔が必要となるのです。私たちはこの種の買収の「機会」に関しては、ほかの企業や投資家に任せます。バークシャーでは自分たちが歓迎される場合においてのみ、買収を提案するのです。

2年後の2017年初頭、クラフト・ハインツはユニリーバに直接、買収を提案した。ユニリーバはアムステルダムとロンドンの2カ所に本社を置く巨大なグローバル企業だ。同社が即座にその買収提案を歓迎しない意向を告げると、クラフト・ハインツ――バフェットが取締役を務め、バークシャーが少数株主だった――は撤回した。多くの人が取引は完全な失敗に終わったと評したが、バフェットとバークシャーの株主は実際は惨事を免れたのだ（Chapter9でも引き続き3Gに関する議論を続ける）。

・・・・

バフェットとバークシャーは60年もの年数をかけて、異彩を放つビジネスモデルを苦心して築き上げてきた。信頼を基盤としており、握手で成立する友好的な買収、取締役会の課題の外交的な解決、何が起きても約束は守る、最もうまく事業課題に取り組める経営者に権限を委譲するなどの特徴がある。

物言う株主やＰＥにも存在意義はあるものの、彼らの手法はバークシャーのモデルとは根本的に異なっている。次のＣｈａｐｔｅｒ８で説明するように、バークシャーモデルを取り入れるために、そのすべての側面を受け入れる必要はない。ただ、信頼がその試金石であることに変わりはない。

Chapter ⑧

比較――買収後の見事な経営が数々の伝説を生んだ

バークシャーはユニークではあるが、そのモデルを模倣する企業も少なくない。それらの企業もバークシャーと同様、信頼を基盤としている。本章での比較を見れば、さらにプライベート・エクイティ（ＰＥ）との対比が浮き彫りとなるだろう。

ある企業がバークシャーモデルとＰＥモデル、どちらに近いかを分類するには、２つの側面から比較するとわかりやすい。買収に対するアプローチと事業経営だ。買収に関しての主な違いは、レバレッジの活用、経営への介入、企業の保有期間にある。バークシャーは借金に頼らず、限定的な介入にとどめ、永久保有することを好む。対照的に、ＰＥは巨額の借り入れをし、積極的に経営に介入し、できるだけ早期に売却する機会を求める。

事業経営に関しては、ＰＥは買収した企業を厳しく監督しながら、売却に向けてしっかりとコントロールする。一方、バークシャーは経営者に裁量を与え、継続的な保有を約束しながら、権限を大胆に委譲する。また、バークシャーは倫理観が高いという自社の評判を守ることに細心の注意を払うが、ＰＥではその点はそれほど重視されていない。

戦略を考える取締役会や経営陣の多くは、自分たちの経営方針がこの両極の間のどこに位置するのかについて話し合う。両極がバークシャーモデルとPEモデルであることを意識している人もいる。本章では、バークシャーモデルに最も近い企業をいくつか紹介する。

■保険業

保険業は特にバークシャーモデルが適している業種だ――保険業はバークシャーのビジネスの屋台骨でもある。資本配分の名手が集まる業界と言え、長期的な思考をする人が多く、バークシャーモデルが性格的にも合っている。保険業は信頼を基盤とした産業であり、保険会社が遠い先の将来にきちんと約束を守ってくれるという信頼感を頼りに、契約者は保険料を払っている。

保険や再保険を中心に様々な事業を手がける持株会社、マーケル・コーポレーションを見てみよう。1930年創業の同族企業だが、2000年代初頭からはトム・ゲイナーが企業の顔として活躍してきた。遅くとも1985年以降、マーケルは意識的にバークシャーをモデルとしている。

保険と再保険事業を手がける一方、製パン機製造から観葉植物の販売まで様々な事業会社を有利な条件で買収してきた。何十年もの間、業績は同業他社や市場全体を安定的に大きく上回っている。同社のウェブサイトからその企業理念を見てみる。

マーケルでは自発性と柔軟性を重視します。そのためには権威を尊重する一方で、官僚的風土を軽蔑しなければなりません。弊社では個人に最も明るい光が当たり、社員一人ひとりが自己決定できる権利を有しています。個人がその潜在力を最大限に発揮できる環境を提供しているのです。

私たちの企業はそれぞれが業界のトップです。そして私たちの経営チームがそれらの企業を率いています。傘下の企業に対してコーポレートガバナンスなどは行いますが、経営チームの日々の業務に口を挟むことはありません。そのため、それぞれの企業が自分たちが一番得意なことに集中できるのです。全国でヘルスケアソリューション、手ごろな価格の住宅、小売価格ソリューションを提供し、さらに世界中の製造業の資本設備も手がけています。私たちの企業はそれぞれ顧客や従業員、コミュニティの長期的な成功を実現できるよう努力しています。

2012年の株主への手紙では、マーケルにおける信頼の役割についてはっきりと言及している。

何年にもわたって業績が好調な大きな理由の一つは、社内における信頼の風土です。株主の皆さまからは、私たちが時間をかけてその価値を増やせるよう、資金を信頼して預けていただいています。人為的な制約なしで、その目標を自由に追求できる環境を与えていただいています。私たちは満足いただける業績を上げ続けることで、その信頼に応えてきました。

私たちはマーケルにおける信頼の風土をさらに強化するよう毎日、懸命に努力しています。そうすることで、ビジネスがより良くなると信じているからです。こうした環境で働けること、そして社員がお互いに対して、会社に対してコミットメントできることはほとんど奇跡に近いことです。

続いて、同じく成功しているアレゲーニー・コーポレーションを見ていこう。1929年創業の持株会社で、現在は複数の大手保険会社を傘下に有している。2012年にはAIGのモーリス・R・(「ハンク」)・グリーンバーグが1977年に創業したトランスアトランティック・ホールディングスを買収した。

2004年以降はウェストン・ヒックスが経営の舵を取り、玩具製造（ペッパピッグなど）から大型プロジェクト（スポーツスタジアムからオフィスビルまで）向けの製鉄、葬儀場備品まで、幅広い業界の企業も傘下に収めている。いずれも権限は委譲され、自立した経営を任されている。

アレゲーニーは年次報告書に簡潔な経営理念を載せている。バークシャーの『オーナーズ・マニュアル』に似たもので、バークシャーモデルと同じような言葉が並んでいる。例えば、次のような言葉だ。

保険会社と再保険会社のオーナーであるアレゲーニー・コーポレーションは、ほとんど資産運用会社と言えます。クローズドエンド型投資信託のように、弊社は株主のためにほとんどの利益を再投資に回します。

アレゲーニー・キャピタル・コーポレーションが運用を担う子会社で、息の長いビジネスを手がける金融業以外の企業を主に買収し、監督します。プライベート・エクイティとは違い、売却を視野に入れて買収することはありません。むしろ、私たちは創業者やほかの筆頭株主が持ち分を売却する必要があるときに、安定株主の役割を果たします。私たちが株式を保有することで、オーナー経営者たちは長期的な視野で企業を成長させ、業績を改善させることができると信じています。

企業の経営を監督する上で私たちが果たす主な役割は、戦略上の指針を与え、リスク要因を割り出し、経営者に対するインセンティブが適切であるか保証することです。子会社を「経営」することはありません。それぞれの経営チームの役割だからです。

最後にフェアファックス・ファイナンシャル・ホールディングスを見ていこう。同社は

1985年からプレム・ワスタが経営している多角経営の保険会社だ。業績は同業他社や市場全体を大きくアウトパフォームしており、ワスタがマーケル傘下のカナダのトラック保険会社を買収してできた企業だ。

それ以降、ワスタは数十年かけて同社を巨大保険グループに成長させた。いまでは数十の大手保険会社を傘下に加え、レストランチェーンや小売など様々な業種の企業を抱え、関連する上場企業への投資も行っている。企業理念は初期のころから一貫しており、ウェブサイトには次のような言葉が載っている。

私たちは顧客、従業員、株主、コミュニティの長期的利益を目的として企業を経営することで、1株当たり時価純資産を長期にわたり年間15〜20パーセント増やしていくつもりです。必要であれば、ときには短期の利益を犠牲にすることもいといません。常に健全な財務を維持し、株主に対しては毎年、完全な情報を開示します。

分権化が進んでおり、フェアファックスが行う業績評価、後継者プラン、買収、資金調達、投資を除いて、子会社の社長が経営の舵を握ります。投資は常に長期的な価値を重視する哲学に基づいて判断がなされます。フェアファックス全体の利益のために、子会社同士の協力は奨励されます。
フェアファックスと子会社の間の風通しの良さは、欠くことのできないものと見なされています。正直さと誠実さはあらゆる関係性において極めて重要なものであり、決して妥協は許されません。私たちはフェアファックス、そして共に働く仲間に対する誠実さを重視します。

2012年の株主に対する手紙の中で、ワスタはグループ内において信頼が果たす中心的な役割を強調した。

フェアファックスは27年もの年数をかけて育んできた「公正と友好」の文化から大きな利益を得ています。少数精鋭の持株会社のチームは極めて誠実で、チームスピリッツを持ち、エゴを有さず、グループ全体を前進させ、予期せざるダウンサイドリスクから私たちの身を守り、機会が生じればそれを利用します。企業の結束力を高めてくれているのは信頼、そして長期的利益の重視です。取締役、経営幹部、従業員、その全員が常に長期的視点を持ちながら、正しいことを行ってくれています。
我がグループには、子会社の行動を逐一チェックする強大な持株会社はおらず、短期的利益最大化のために売却するような企業もありません。経営幹部に過度な報酬を与えることもありません。大規模な従業員の解雇も、経営陣の刷新も、自社株の売り出しもありません。私たちの経営陣は決して自社株を売らず、共に働いて楽しい人ばかりです。これまでとどまってほしいと思っていた社長や経営幹部が会社を離れたことはありません。平均勤続年数13年半の社長や経営幹部、投資責任者こそが我がグループの強みであり、私がグループの将来に胸を躍らせている理由です。

バークシャーモデル――もしくはアレゲーニーモデル、フェアファックスモデル、マーケルモデル――は、ほかの業種にも取り入れられている。これからお見せするように、具体的なやり方はそれぞれ異なっているものの、いずれの組織も強い信頼関係を基盤として事業を展開している。

■一般事業会社

イリノイ・ツール・ワークス（ITW）はシカゴに本社を置くグローバル企業で、1912年にバイロン・L・スミスが創業した。主に内部留保を原資に様々な業種の企業を買収して規模を拡大し、集権化に向かいがちな拡大する組織の力学に抵抗して、常に子会社の経営の自立を維持しようと努めてきた。

同社は1970年代後半から、800社を傘下に持つ8つのグループに徐々に再編されていった。1972〜1981年まで社長を務めた創業者の息子であるハワード・スミスは次のように説明する。「もし私たちのような組織を作るつもりなら、もし幅広い有能な人材にそれぞれの事業に従事してもらいたいのなら、彼らに自分たちの好きなようにビジネスを経営できる道がそこにあるということをわかってもらうべきです。そのことに気づくことが大切です[※1]」。

ITWはジョン・ニコルズがCEOだった期間（1982〜1995年）に独自のビジネスモデルの地位を確立した。彼は次のように説明する。

私たちは独立した事業体をつくり、それぞれの事業体に意思決定を任せることで彼らに自立を与えました。フォードとＩＴＴで働いていたときに、なすべきでないことについてすべて学んだのです。

ひとりですべて管理することはできないとわかります。有能な人物にやってもらい、彼らに任せなければなりません。彼らは突然、自分たちで製品開発をし、自分たちで組織づくりをする機会を与えられたのです。

ニコルズの時代にＩＴＷは年間およそ30社ペースで買収し、最終的には合わせて３６５社を買収した。ＩＴＷが企業の自立にこだわったのは、現実的な理由があった。ひとりの経営者が監督できる範囲には限度があったのだ。

ＩＴＷは買収した後、その企業をマネジメント可能な単位に分割する。並行して、部下のマネジメント能力を鍛えるトレーニングプログラムにグループのエグゼクティブ・バイスプレジデントが資金を投じる。

ＩＴＷの経営幹部は新たな企業を組織に統合しようとする際に、最も難しい課題に直面すると話す。統合される側の経営者も同じことを言う。あるグループのトップが言うには、「ある企業を買収したとき、大変なのはその企業を組織に統合させ、ＩＴＷのやり方を理解させることだ。常識的かつ実践的なことだが、誰もが理解できるわけではない。理解が早い人もいる」[※2]。

ニコルズの後継者は前任者のモデルをほとんど受け継いだものの、さらにユニットを合併させてよりシンプルな組織にしようとした。１９９５〜２００５年までＣＥＯを務めたジム・ファレルは、より規模の大きい高額な買収を追い求めた。ただ、核となる哲学は変えなかった。

私たちは会社を分割することが必要だと考えています。企業は大きくなればなるほど、より官僚的になり、意思決定が遅れ、コストがかかるようになります。弊社ではそれぞれのビジネスユニットにオペレーション、営業、マーケティング、財務の部署があります。本社オフィスには一般的な機能部門のトップはいません。個々のユニットの方が迅速にマーケティングや問題解決ができ、ビジネスチャンスを事業に落とし込めます。その方が集権化したオペレーションより費用も抑えることができます。

ニコルズが退任した後もＩＴＷは成長を続けたものの、それまでと変わらない業績を上げることはできなかった。結果が何を意味しているのかは一目瞭然だった。統合よりも分割を維持した方が、組織は効果的に機能するのだ。実際、それぞれのビジネスユニットが独特であり、特有の歴史や慣習に基づいて独自の進化を遂げる。分割したままの方が各々の独自性から最大限の価値を生み出せる可能性が高い。

コングロマリットに対する世間の風当たりが強まる中、ＩＴＷは物言う株主から批判を集めた。リレーショナル・インベスターズからの圧力を受けて、彼らが推薦した候補者のひとりを取締役に任命し、２０１２~16年にかけて子会社の切り離しと組織の統合を実行した。

その間、ＣＥＯだったスコット・サンティは分権化やユニット単位の効率性の追求、顧客重視のイノベーションなど、ＩＴＷのビジネスモデルの核となる原則について繰り返し言及している。２０１４年の書簡で簡潔に説明し、続く年次報告書でも同じ言葉を繰り返した。

分権化と起業家マインドの文化のおかげで、私たちは迅速に動け、集中し、機敏に対応することができます。ビジネスモデル、戦略、価値に関して、自分たちに何が期待されているのかを社員は明確に把握しています。特定の顧客や市場に合わせてITWのビジネスモデルの適合性と影響力を最大化できるよう、私たちはそれぞれの経営チームに大きな枠組みの中で自由に意思決定し、経営方法をカスタマイズできる権限を与えています。

事業活動を行うすべての市場において、重要な顧客のために自ら問題解決できる組織としての地位を確立できるよう、それぞれの企業が懸命に働いています。顧客が取り組む難しい技術的な課題に解決策を提示する。そして顧客の業績を改善する。これら2つは100年以上前の創業時から、私たちがイノベーションに取り組む際に最も重視してきた目標です。

バークシャーモデルの輪に加わるもう1社がマーモン・グループだ（すでにChapter3で紹介した）[※3]。ジェイとロバートのプリツカー兄弟が1960年代に買収と有機的成長を通してつくり上げたグループで、買収後も既存の経営陣にとどまってもらい、経営に関する意思決定を任せる不干渉の方針を貫いてきた。手がける事業は農業機械、アパレル、自動車製品、ケーブル・ワイヤー、配管、楽器、店舗機材に加え、採鉱や金属貿易などのサービス業も含まれ、多種多様な製造業を傘下に抱える産業コングロマリットに成長している。

１９８０～90年代にかけて買収のペース自体は加速したが、その多くは小規模事業に限られた――１９９８年に30社、１９９９年に35社、２０００年に20社買収した。子会社に権限を委譲していたため、組織の統合は問題ではなかった。ジェイが亡くなり、ボブが引退すると、プリツカー家は引退していたＩＴＷのジョン・ニコラスに経営を任せた。

ニコラスはすぐにマーモンを10の事業部門に分割し、各部門のトップに報告してもらう体制にした。そうすることによって拡大を続ける組織の監督が可能となり、部門や製品レベルでの成長と買収が容易となった。企業の成長に合わせて、ニコラスは新たな部門を設けた。彼が引退した後は、ＩＴＷの経営手法に共鳴していた元同僚のフランク・プタークに後を継いでもらった。プタークは次のような言葉を２０１５～17年の年次報告書に載せた書簡に書いている。

マーモンのビジネスモデルは包括的かつ継続的な思考プロセスの一環として、80対20の法則を積極的に活用しています。小さなグループに分けた分権的経営、経営効率と生産性の継続的な改善、戦略的方向性を強化するための選択的買収などがその重要な要素です。

マーモンは80対20の法則を使って、粛々と分権を進めていった。全体の成果の8割は2割のインプットによってもたらされるという統計分析に基づいた考え方だ。例えば、マーモンの経営幹部は8割の売り上げは2割の製品から、8割の利益は2割の顧客から生み出されることに気づいた。

そうした法則を理論的根拠として、マーモンはどのビジネスが全体の業績に最も貢献しているのか、もしくはしていないのかを把握するために、細かい事業部ごとの損益計算書を作成している。経営者は限られた時間とリソースを、最も利益を生み出している事業、製品、顧客に集中的に投入する。こうしたやり方によって、再投資で必ずイノベーションと成長が期待できるビジネスをピンポイントで突き止めることができるのだ。

企業は事業の細分化と分権化を際限なく行うことで、製品開発にブレークスルーを起こす。最近の例では、2時間もの間2000度の炎に耐えられるケーブル（地下鉄システムや高層ビルで利用）、直に炎を当てることなくプレスだけで接合できる冷凍設備用の銅金具、潤滑油いらずの第五輪（トレーラーをトラックに連結する装置）、もつれない延長コードなどの商品が生み出された。マーモンの80対20のモデルは、企業規模を活用するための画期的な手法と言える。

プタークは3つの独立した事業部を設け、さらにそのモデルを洗練させた。それぞれの事業部のトップは3～4のビジネスユニットを監督する。ビジネスユニットのトップが事業部のトップに報告、さらに事業部のトップがプタークに報告する組織体制だ。プタークは容赦なく細分化を進め、最終的には独立した4つのグループ、15の事業部、200のビジネスユニットをつくった（これらの変化を説明した組織図はChapter3に掲載している）。

バークシャーは2008年、マーモンを買収した。マーモンは買収された後もそれまでと同じ経営を続け、まるで入れ子構造を持つロシアのマトリョーシカのように、同じ考え方や価値観を持った企業の子会社に収まった。バークシャー傘下の企業としては、バークシャー・ハサウェイ・エナジー、ミテック、スコット・フェッツァーなども同様の組織体制をとっている。まさに時代に逆行するバークシャーならではだ。

近年ではコングロマリットは絶滅しつつある。ガルフ・アンド・ウエスタン・インダストリーズ、ＩＴＴコーポレーションといった社名は表舞台から消えた。企業に選択と集中を求める声が高まったことで、昔ながらのコングロマリットとは言えないレベルの多角経営企業にまで圧力がかかっている。デュポンは最初にダウ・ケミカルと合併した上で、３つの企業として分割・再編するよう圧力をかけられた。ユナイテッド・テクノロジーズは最初にコリンズと合併し、さらにレイセオンと合併する前に空調事業とエレベーター事業を切り離した。

外部からの強い圧力に抗して、ダナハー、ドーバー、ローパー・テクノロジーズ、トランスダイム・グループといった多角経営企業ではその企業理念――特に自立と分権――を維持している。それぞれわずかに異なるやり方で規模を管理し、組織体制を正当化しており、その一部はバークシャーのやり方に近い。

例えば、複数の産業にまたがり事業を展開しているダナハーを見てみよう。同社はミッチェルとスティーヴンのレールズ兄弟が１９８３年に創業した。ふたりは経営からは手を引いたものの、いまでも大株主だ。レールズ兄弟がダナハーで取り入れたビジネスモデルはバークシャーとよく似た部分があるが、異なる部分も持ち合わせている。

ダナハービジネスシステムと後に呼ばれることになるシステムだが、３人の卓越したＣ

EOがつくり上げ、洗練につぐ洗練を重ねていった。彼らは強力な産業コングロマリットを築き、その間にいくつかの事業部を独立した企業として切り離している。その独立した企業もそれぞれが、巨大な規模にまで成長しているのだ。

ダナハーは少なくとも3つの重要な点でバークシャーと似ている。買収、自立、分権の3つだ。一方、少なくとも2つの点で異なっている。ダナハーはあらゆる作業において無駄の削減を重視する基本的な経営理念を共有し、経営幹部の採用とトレーニングを全社規模で行っているのだ。

ただ、ダナハービジネスシステムにおいても、信頼が重要な要素であることに変わりはない。社員トレーニングやベストプラクティスのプログラムがうまく機能するのもそのおかげだ。企業文化とこれまでの歴史を少し知るために、1990〜2001年までCEOを務めたジョージ・シャーマンからまず見ていこう。

11年前にダナハーに入社したとき、売上高は7億5000万ドルを下回り、多種多様な商品を少量販売する企業でした。その次の10年間で、私たちはダナハーを数十億ドル規模の拡大する市場をリードする、グローバル企業に成長させました。過去10年の間、売上高は年率15パーセント、1株当たり利益は年率21パーセントそれぞれ増加しました。その間に株価も年率33パーセント上昇しました。より強力な事業ミックスと(ダナハービジネスシステムをベースとする)明確な経営哲学と企業文化を構築しながら、私たちは組織の能力も成長させてきたのです。

シャーマンの後を継いだのは、彼が初めて採用した経営幹部のひとりだったH・ローレンス・カルプ・ジュニアだ。彼はダナハーで十数年もの間、CEOとして圧倒的な業績を残した後、2018年にはゼネラル・エレクトリックのCEOに就任した。2002年の最初の年次報告書で、カルプは同社の歴史について詳細に説明した。

1980年代半ば、競争の激化に直面していたダナハーのある部門は、当時開発されたばかりのリーン生産方式に基づいて、経営の改善に取り組みました。その取り組みは、予想を上回る大成功を収めました――その部門の業界トップとしての地位を確固たるものにしたばかりでなく、ダナハービジネスシステム(DBS)を生み出したのです。当初は静かな始まりで、単なる製造工程の改善ツールにすぎませんでした。それがある種の哲学、価値体系、一連の経営管理プロセスにまで進化を遂げ、私たちの在り方とやり方を決定づけたのです。

最後の例は、コンステレーション・ソフトウェア（ＣＳＩ）だ（著者のローレンス・カニンガムが取締役を務めている）。ＣＳＩは世界中で特定業種向けソフトを開発する企業を買収、改善、経営している。いまでは３００以上のビジネスユニットを抱え、分権化が進んだ組織体制の中、それぞれが自立した経営を行っている。その文化を結束させているのが信頼だ。２０１１年の株主への手紙の中で、ＣＥＯのマーク・レオナードは次のように説明している。

長期的な視点で経営するには、企業と各ステークホルダーの間で強固な信頼関係が必要とされます。私たちはマネジャーと従業員を信頼し、可能な限り官僚的な手続きは省略するよう努めています。マネジャーたちが自発的に取り組みを始めることが奨励され、利益を生み出すまでに5～10年かかることも珍しくありません。すぐには成長しなくても、CSIの長期的なフランチャイズになる可能性を秘めている企業を買収するためには、喜んで資金を提供します。

私たちはほぼ必ず内部の社員を昇進させます。相互の信頼関係と忠誠心を築くには、何年もの年数を要するからです。逆に、新しく外部から雇ったスマートでごまかしのうまい人材を見極めて根絶するにも、何年もの年数を要します。また、経済的に株主と同じ立場に立てるよう、マネジャーや従業員には自社株を使ったインセンティブを与えます（3～5年の条件付き譲渡）。その見返りとして、私たちは組織に忠誠心のある従業員を必要とし、求めています。5年働くつもりがない人は、数年を要するプロジェクトや取り組みの結果など気にはしません。また、そうした人は短期的なボーナスを犠牲にしてまで、長期的利益を求めることもないでしょう。

CSIではバークシャーと同じように、その構造が際立った組織の特徴だ。ただどちらの企業でも、組織体制は成功の原因ではなく、真の原因、つまり信頼を重視する文化が形となって現れたものだ。経営者が従業員を励ますとき、彼らは底力を発揮し、組織の中心

に信頼があるとき、分権と自立が生まれる。それが最終的に成功につながるのだ。

２０１５年にグーグルの創業者が新たに持株会社であるアルファベットを設立したのは興味深い出来事だった。同社はインターネット検索事業だけではなく、およそ26のビジネスユニットを傘下に持ち、それぞれが自立した経営を任されている。アルファベットは21世紀のバークシャーを目指しているのではないか。そうした見方さえ出始めている。

我々も彼らの想いは理解するものの、[※4]組織体制だけでは成果は生まれないということを強調しておきたい。信頼の文化がきちんと根付いている必要があるのだ。

・・・・

近年、有名な作家が偉大なアメリカ小説を書きたいと思っているように、実業家たちはますますバークシャーのような企業をつくることを夢見ている。小さなスケールで達成することは可能だが、単に公式に当てはめるだけで実現できることではない。

バークシャーのビジネスモデルのカギは信頼域だ。もしバークシャーのような企業をつくりたいのなら、ほとんどの人、特に金融仲介業者を適度に疑いながら、信頼できる経営者やパートナーを探そう。そして約束を守ることで、株主と従業員の信頼を勝ち取ろう。分権も自立もバークシャーの成功と永続性の最大の理由ではない。信頼こそが最大の理由なのだ。

自立とは信頼が形となって現れたものであり、分権はその結果だ。モデルは価値に基づくものであり、公式に基づくものではない。

Part 4

課題克服のための掟

Chapter ⑨

判断——判断ミスはコストのうち

信頼を基盤とする組織は、2つの大きな問題に直面する。1つ目は、経営幹部が自分への信頼を悪用したときに起こる。2つ目は、(例えば買収の際に)他人の力に頼らないことによって起こる失敗だ。いずれも深刻な課題だが、バークシャーはこれまで概ね克服してきた。60年もの間、バークシャーが買収や幹部採用の判断で誤ったのは、数えるほどしかない。

■買収

バフェットは数十年もの間、バークシャーにおける経営判断をすべてひとりで下してきた。特に買収や投資に関する判断では、事前の調査は限定的で、取締役会による監督もない。大半の大手上場企業とは違い、バークシャーでは取締役会や経営幹部に買収の承認を求めない。また、外部のアドバイザーに調査を依頼することもない。

バフェットは自分の全般的な投資哲学については取締役に説明しているものの、彼らに承認を求めることはめったにない。マンガーにはときどき相談し、最近ではグレッグ・アベルやアジット・ジェインとも話をするが、必ずというわけではなく、毎回彼らの意見に耳を貸すわけでもない。

バークシャーは買収企業を選定するのに仲介業者や投資銀行の力は借りず、友人や仕事関係者など普段からの人脈に頼る。彼らからの提案はほとんど期待通りの成果を残すが、すべてうまくいくというわけではなく、間違って損を出すこともある。

最もバークシャーらしくない買収の一つが、２００１年のＸＴＲＡリースだ。バフェットの友人で、タイガー・マネジメント（タイガー・ファンド）の創設者であるジュリアン・ロバートソンが、バフェットにトラックリース会社であるＸＴＲＡリースの持ち分を売却したいという意向を伝えた。

バフェットは要求水準を上げ、全株式を対象とした株式公開買い付けをＸＴＲＡの取締役会に提案した。取締役会はその案を承認し、バークシャーはすぐに買収を成立させた。買収後も経営陣にはとどまってもらい、既存の事業を継続するというのがバークシャーの通常のパターンだが、ＸＴＲＡに関しては3年以内にＣＥＯを解任し、本社も移転、資産のほとんどを切り離した。

通常の企業買収では当たり前のように起こり得ることだが、バークシャーでは普段は行われないことだ。バークシャーは経営が軌道に乗っている企業の買収を好み、買収後に経営改善が必要となるような企業は好まない。バークシャーによる買収でそうした対応がなされるのは異例のことだった。バークシャーも問題を抱える企業を買収することがときどきあるが、それはきちんとした手続きを通さないことによる副作用と言えた。特に友人からのアドバイスに乗っかり、本来は必要とされるデューデリジェンスを丁寧に行わない場合に起こることだ。

XTRAでは最終的に利益を上げることができたが、1993年に買収したデクスター・シューでは大きな損失を出した。バークシャーはこの倒産しかけていたニュー・イングランドの企業の買収に、4億4300万ドル――すべて自社株――を支払った。同社はそれまで精力的に営業活動し、地元の工場で年間数百万足の靴を製造していた。国内の工場での生産を維持し、競合他社よりも賃金コストは高い一方、質やデザインの面では低賃金国からの輸入品を上回っていた。

こうした競争優位性はあったものの、潜在的な弱みを抱えていた。米国内での製造コストが中国の10倍だったのだ。最終的には、競合他社が質の劣らない商品を10分の1のコストで製造するようになった。バフェットは2007年には、デクスターの買収が史上最悪だったことを認め、同社を解散した。バークシャー株を使って買収したため、失った損失額は2020年の株価に換算すると80億ドルを上回る。買収にバークシャーのような優良株を使うリスクを教えてくれる重要な教訓となった。

こうした間違った判断は、バフェットがひとりで下している。バークシャーの取締役や内部関係者からの忠告はなかった。最も偉大な投資家であっても、ときに大きな過ちを犯すということだ。もちろんバフェットもそのことには気づいている。だからこそマンガーと一緒に検討することが多い。バフェットはマンガー――「不屈のノー・マン」というあだ名がつけられている――が反対した場合、彼の意見は尊重するものの、毎回従うわけではない。最終的により大きな損失をもたらした、1999年のジェネラル・リインシュアランスの買収がまさにそうだった。

同社の買収額は220億ドル――すべてバークシャー株――に上った（デクスターの教訓が明らかになったのはその後の2007年だ）。バフェットとマンガーは大手再保険会社である同社が巨額のデリバティブ事業を手がけており、大きなリスクを抱えていることは理解していた。

マンガーは反対したが、バフェットは経営陣が買収後にはデリバティブ事業をすぐに切り離すと考えていた。ところが買収後にもそうした動きは見られず、バフェットも不干渉の流儀を貫いて、彼らに強制することはなかった（こう聞けば、XTRAでの経営陣の刷新がいかに異例だったかわかるだろう）。

同社にはデリバティブ事業だけではなく、さらなる問題が実は潜んでいた。バフェットはCEOのロナルド・ファーガソンとは長い付き合いで、彼自身と彼のCEOとしての経験を信頼していた。ただふたりが気づかない間に、同社の保険引き受けの規律は緩み、積み立てている準備金の額は減っていた。

ジェネラル・リインシュアランスは保険事業のリスクに対する準備金を低く設定することで、顧客から徴収する保険料を抑えていたのだ。また、引き受けるべきではない保険も引き受け、大きなリスクを抱えていた。1999～2001年にかけて、保険引き受け事業の損失は計61億ドルに膨らんだ。デリバティブ事業を切り離す作業も長引くことで巨額のコストがかかり、長い間、バフェットの不安の種となった。

マンガーはときに拒否権を発動することもあったが、バフェットがどうしてもやりたいという場合には彼の意向に従った。

2007年、バフェットはテキサスの電力会社を対象としたレバレッジド・バイアウトの資金として20億ドルを投資した。ところが金融危機を受けてすぐにその企業は倒産し、バークシャーはおよそ10億ドルもの損失を出した。皮肉なことに、プライベート・エクイ

ティのKKR（前コールバーグ・クラビス・ロバーツ）が取りまとめた案件で、史上最大かつ最悪の案件の1つだった。[※1]

バフェットは2013年にこの買収について言及し、「次回はきちんとチャーリーに電話して相談するつもりです」と書いている。通常は、バークシャーの何分の1の規模の企業でさえ投資委員会が設置されている。同委員会に諮ることで資本配分の機会を逃すこともあるが、こうした買収の失敗例を見ると、ひとりで投資判断を下すコストがいかに大きいのかを実感する。

最後に紹介するのは3Gキャピタルのケースだ。バフェットは同社の創業者であるホルヘ・パウロ・レマンを信頼していた。Chapter4と7でも説明したように、バークシャーは3Gと手を組んで、クラフト・ハインツの27パーセントの株式を取得した。ところがコストカットを重視する3Gの経営戦略はつまずき、2018年後半にはある商慣行にからんで、証券取引委員会から召喚状を受け取る事態にまで発展した。[※2]

バフェットはバークシャーモデルの魅力と限界を理解している。そしてほかの経営者でも彼と同じように、そのモデルを採用できると思っている節がある。

一方、バークシャーの後継者プランでは、CEOとCIO（最高投資責任者）の役割を会長の役割から切り離す予定だ。つまり、後継者にはバフェットほど自由に意思決定させないつもりなのだ（後継者プランについてはChapter12で詳しく見ていく）。

ほかの企業ではバークシャーモデルを取り入れる前に、コアコンピテンシー（優れた成果を発揮する行動特性）とトラックレコードを持つ、有能な意思決定者を求める声が必ず出てくるだろう。最低でも、バフェットとバークシャーの基本理念——業種やビジネスなどの枠に捉われない専門領域を持つ、ひとりの人物が経営者やパートナーなど複数の役割を果たすなど——を受け入れるべきだ。

株式交換ではなく現金を好むバークシャーの買収手法には多くの利点があるものの、わずかながら問題もあり、上場している同族企業を買収しようとする際に顕在化する。同族企業はバークシャーのビジネスモデルの特徴でもある遺産と永続性を持ち、まさにバークシャー好みだ。

創業家の多くは経営の自立と永久保有を約束するバークシャーの企業文化を称え、ほかからの提案価格や本質的価値を下回る価格で売却してもいいと言う家族も少なくない。結束力の強い家族が保有している企業の場合、全員がバークシャーへの売却に賛同していれば、現金をもらって割安な価格で売却しても問題はない。

ところが、企業が上場している場合はそうはいかない。取締役が株主の代理人として支配権を譲ろうとする場合、彼らには株主にとっての最良価格で企業を売却する義務が生じる。[※3]株式交換による売却の場合、すべての株主が将来の企業価値の向上に伴い利益を得るため、取締役はバークシャーの特殊な文化を提案価格に上乗せして勘案することができる。[※4]

しかし、現金での買収となると、将来の企業価値はバークシャーの株主だけのものとなり、買収される企業の株主は利益の分け前にあずかれない。バークシャーへの売却を決断した創業家が称えるバークシャーの企業文化からは、何の利益も得られないのだ。こうした理由から、買収候補となった企業の取締役は現金による割安な価格の買収には抵抗するだろう。より高い価格を提示してくれるほかの企業を探し、価格をつり上げるために入札を実施する可能性もある。入札には参加しない方針のバークシャーは、その取引からはじかれるのだ。

例えば、2003年のバークシャーによるクレイトン・ホームズの買収がある。同社は上場している同族企業で、提案価格は市場価格にわずか7パーセントのプレミアムを加えた額だった。一部の株主はその買収に反対した。株主だったサーベラス・キャピタル・マネジメントはクレイトンに対して、競争入札を申し入れた。訴訟を起こした株主もいた。[※5]結局、買収の賛否を問う株主投票は6カ月も遅れ、わずかの差でバークシャーによる買収は承認された。

その結果に失望する株主もいたが、サーベラスは結局、バークシャーよりも高い価格を提示せず、裁判所は株主による訴えを退けた。ただ、訴訟や遅延、他社との競合などのリスクを考えると、こうしたシナリオはバークシャーに魅力的なものではない。裁判所が買収候補企業の取締役に対して、条件を引き上げるよう積極的な対応を求めるかもしれないという警戒感も出てくる。入札のリスクがあるだけでも、バークシャーは買収の提案に尻込みするだろう。つまり、上場している同族企業はバークシャーの買収モデルの対象外となり、最高の結果をもたらす取引にもかかわらず、結局は機会費用を生むことになる。

■ 経営幹部

バークシャーの信頼を基盤としたモデルの課題が最も顕在化するのは、経営幹部が世の中を騒がすような問題を起こして退社するときだ。バフェットは企業を買収する際、経営者の人となりに最大限の注意を払うものの、その後の後継者の選定は彼らに任せる。同時に、中間管理職が不在のため、ひとりの人物が80人の部下から直接報告を受けることもある。危機が起こりかねない状況で経営幹部の処遇を誤った際に、バークシャーが受ける損失は最も大きくなる。

子会社であるネットジェッツにおける経営陣の刷新は、まさに危機だった。バフェットの後継候補でもあったリチャード・サントゥリとデイヴィッド・ソコルが問題に関係していた。ネットジェッツは創業者のサントゥリが2009年まで経営していた競争力のある資本集約的な企業で、労働組合が力を持っていた。富裕層にプライベートジェットの持ち分の一部を売却するビジネスを手がけており、サントゥリは同社を高級ブランドとみなしていた。

ところが会社は経営難に陥り、2008年の金融危機後の災難の渦中に、バフェットが改革に乗り出した。バフェットがサントゥリのような創業者に対してあと知恵で批判することは珍しく、なぜ彼がそのような行動に出たのかは謎で、極めて異例だった。

ネットジェッツの新たなCEOとして、バフェットはソコルを任命した。ソコルはネットジェッツが肥大していると考え、直ちに抜本的なコストカットに乗り出した。労働組合を組織していた従業員は激怒し、危機的な雰囲気が組織全体を包んだ。なぜバフェットがソコルに経営を任せたのかは疑問が残る。彼はバークシャーのエネルギー事業を経営しており、ジョンズ・マンビルでは会長としてトラブルの解決に当たっていたのだ。

バフェットがCEOを子会社間で横滑りさせることはほとんどない。ひとりのCEOに2つの企業を経営させることは前例のないことだった。ただ、バフェットはソコルに全幅の信頼を寄せていた。彼は同郷のオマハ出身で親友のひとりである、バークシャー取締役のウォルター・スコット・ジュニアから紹介された人物だった。ところがバフェットの信頼は裏切られることになる。ソコルは買収候補先としてバフェットに相談するつもりだった企業の株式を事前に売買した責任を取って、２０１１年にすべての職を辞した。

ソコルの後を継いだのがジョーダン・ハンセルで、ソコルがバークシャーのエネルギー事業から引き抜いた人物だ。元の会社ではジェネラル・カウンセルを務めていた。ネットジェッツのパイロットたちはサントゥリを愛し、彼の退任を悲しんだ。パイロットたちはソコルとハンセルのことを気に入らず、特に彼らのコストカット戦略に異を唱えた。

サントゥリが退任した後、ネットジェッツの労使関係は悪化した。２０１３～14年の間、パイロットの労組はインターネットやウォール・ストリート・ジャーナル、オマハ・ワールド・ヘラルドなどのメディアで積極的なキャンペーンを展開し、ハンセルを激しく非難した。パイロットたちは２０１４年と15年には、バークシャーの年次株主総会の野外でピケを張った。混乱に収拾がつかなくなる中、ハンセルは２０１５年初頭にＣＥＯを辞任し、同年に会社を去っていたサントゥリ時代の経営幹部ふたりが呼び戻された。

こうした状況を踏まえると、バークシャーによるネットジェッツの買収は失敗のように思える。前節で挙げた、バフェット独断の意思決定によって起こる失敗リストに並ぶケースの一つと見なされても仕方がない。また、経営者の採用、評価、昇進、トレーニングに関する正式なプログラムが同社に足りないことも浮き彫りにした。ソコルには航空機のフラクショナル・オーナーシップ（所有権を共有して航空機を利用してもらう）ビジネスでの経験がなく、顧客や労働組合との関係などネットジェッツを経営する上で必要な資質も欠いていた。ソコルが選んだ若き弁護士であるハンセルも同様に適切な資格や経験を有していなかった。

ネットジェッツでの経営陣の刷新は、その後の塗装メーカーであるベンジャミン・ムーアでの経験とも似ていた。Ｃｈａｐｔｅｒ４でも述べたように、バークシャーが２０００年に同社を買収したとき、バフェットはホームデポやロウズなど有力な大型小売店ではなく、独立した販売業者を介した営業という昔ながらのやり方を続けると個人的に約束した。２０１２年には、５年間舵取りを任されていたデニス・アブラムスが大型小売店で販売しようと計画したとして解雇された。

後継者を探すために、バフェットは新たに採用した28歳のトレイシー・ブリット・クールに相談した。ハーバードのＭＢＡを卒業したばかりの彼女はロバート・メリットを推薦し、彼がＣＥＯに任命された。

ところが２年も経たずに、メリットは大型小売店からの容赦ない圧力にさらされ、アブラムスと同じ運命をたどることになった。身内びいきの文化に対する批判が繰り返される中、辞任したのだ。いずれのケースでも危機的な雰囲気が組織全体を覆っていた。販売業者などのステークホルダーは、企業の衰退について不満を漏らしていた。あれほど偉大だった企業がどうしてそんな風に衰退の道をたどっているのか、彼らにはわからなかった。

ベンジャミン・ムーアでの経営者の退任は、バークシャーモデルが抱える2つの課題を浮き彫りにしている。

1つ目は、そもそもバフェットが同社の時代遅れの販売網を維持すると約束したことに関係している。ふたりの経営者は現代の一般的な販売ルートを無視して、独自の販売網だけで塗料を売ることの難しさを直感していた。ところが彼らはバフェットが独断で行った約束に経営の手足を縛られ、身動きが取れなかった。

2つ目は、バークシャーにおける経営幹部の人選に関する問題だ。バフェットはクールひとりに人選を任せた結果、メリットが抜擢された。彼女はまだ若く、バークシャーにおいては新参だった。あくまで彼女自身の人脈からメリットを選んでおり、国全体を探して最適な人物を選んだわけではなかった。

個人的な人脈に頼ったアプローチはバークシャーモデルとは矛盾しない――サントゥリ

がハンセルを採用したときやバフェットがCEOを採用するときにも使われている――もののの、リクルーティングや身辺調査、昇進を正式なプログラムを通して行う場合よりもリスクを伴い、問題をはらんでいる。

後継者の人選に伴うこの種のリスクは、官僚的な手続きを一部導入する（例えば、取締役会の意見を求める）、もしくは信頼を基盤とした文化を微調整する（例えば、身辺調査を行う、定期的な評価をする）ことで抑えることができる。

バークシャーは2010年代初頭、この方向へ舵を切り始めた。子会社のCEOを集めた会議を毎年開催し、ときにはバフェット抜きの取締役会とも合流させた。形式的な会議の回数は増え、これからは定期開催される可能性が高い。徐々に組織体制を変えていくことで、これまで成功を支えてきた信頼を基盤としたモデルを維持しつつも、モデルに起因する失敗を抑制できるようになるだろう。

いろいろと課題もあるが、これまでの成果を見る限りバークシャーのビジネスモデルの優位性は揺るがない。このChapterで取り上げた課題は重要で、バークシャーにとって教訓にはなるかもしれない。ただ過去60年の歴史を振り返って得点表を作れば、バークシャーのビジネスモデルによってもたらされた成功の数に比べると、失敗はほんのわずかな数にすぎない。

Chapter ⑩

大衆の認識——注目されすぎる代償

バークシャーは万が一失敗したとき——もしくは失敗したと見られたとき——世の中から大きな注目を集める。それには2つの理由があり、信頼を基盤とした企業にとっては対処しなければならない大きな課題だ。

第一に、一般大衆は企業、特に大企業に懐疑的だ。1つの巨大企業というよりはむしろ小さな企業の集合体と見るべき、バークシャーのような分権化した企業であっても、それは変わらない。

第二に、あくまで経営の専門家は信頼よりも内部統制とヒエラルキーを重視する立場を取るため、バークシャーのような信頼を基盤とした組織がつまずくと、ここぞとばかりに批判が噴出するのだ。

こうした外部からの圧力が、米国の企業では当たり前となっている広報活動にほとんど資金を投じない、簡略化した組織体制を取る大企業に課題を突きつける。そうした企業は問題がたまにしか起きないため、わずかな従業員で十分に対応できると考えてしまう傾向にある。

分権化が進んだ組織体制においては、ほかより世間の注目度が高いユニットだけがフルタイムの広報人員を抱えることがある。バークシャーで言うと、保険や金融、エネルギー業界の規模の大きな企業ではそうした組織体制がとられている。

■保険

2013年、保険のフロートを投資資金として利用するバークシャーの手法が、いわれのないスキャンダル記事の槍玉に挙がった。フロートとは保険契約者が支払う保険料を原資とした資金のことだ。実際に保険金を支払うのはずいぶん後になるため、フロートは社内に滞留する。バフェットは様々な場面で、バークシャーがこのレバレッジを活用していることに言及している。

記事を書いた記者はその戦略を逆手に取った。フロートをできるだけ長く社内に滞留させるために、正当な保険金の支払いを遅らせる、もしくは避けるよう従業員に奨励する間違ったインセンティブが組織内で与えられているかのように描いたのだ。その結果、従業員が不正を働いているとその記者は主張した。

スクリップスに所属するマーク・グリーンブラットが書いたその記事では、ナショナル・インデムニティ・カンパニー（NICO）が得意とするビジネスが槍玉に上がっていた。アスベストや環境汚染に絡んだロングテールリスクに遡及的に再保険をかけるビジネスだ。これまでに契約してきた数千もの保険契約のうち、わずか十数件の契約だけを取り上げていた。保険契約者、被告企業、元受け保険会社、そしてバークシャー傘下の企業の間の法的な争いも記事の焦点だった。

記事では特に、保険金の支払い遅延や拒否に絡んだ保険会社側の不誠実な行為を非難した訴訟に焦点を当てており、元の保険契約をした元受け保険会社やそうした契約に不当に介入したとされるNICOに対する契約者の訴訟も含まれていた。[※1]

さらに、バークシャーのフロートの哲学が問題の温床となったと非難する原告や弁護士、業界幹部からの悪意あるコメントを引用していた。

グリーンブラットはバークシャーとNICOの社員にコメントを求めたが、その社員は口頭でのコメントを拒否し、時間的な制約から記者が書面で送ったすべての質問に答えることもできなかった。バークシャーは記事が出てから数日以内にグリーンブラットにメールを送り、記事中の正確性に欠けた部分を指摘した。スクリップスはそのすぐ後に、特に対応するつもりはないという趣旨のメールをバークシャーに送り返した。[※2] その2週間後、バークシャーは反論を公表し、記事における「偏見とプロフェッショナリズムの欠如」を非難した。
例えば、記事中ではバークシャーがアスベスト訴訟の弁護を主導していたことになっていたが、実際に主導していたのは被告企業だった。また、訴訟の被告は複数社おり、バークシャーはそのうちの1社だったにもかかわらず、バークシャーが原告が請求した金額のうち自分たちへの請求分だけではなく、すべてについて和解に抵抗したとの間違った印象を与えていた。また、バークシャーとの訴訟を抱えていることから、潜在的に意見が偏っている保険金請求会社の幹部の批判的なコメントを用いていた。[※3]
バークシャーの反論も虚しく、記事の主張は一般大衆の目に届き、大きな共感を生むこととなった。バークシャーには、不正行為に手を染めているというレッテルが貼られたのだ。
スクリップスの記事には続報もあった。K&Lゲイツの弁護士は2014年1月、アメリカン・バー・ファウンデーションでのプレゼンテーションで、その訴訟について分析した。[※4] もしバークシャーに広報部門があれば、記事の主張にうまく対応できたのかどうかは定かではない。AIGなどほかの保険会社も支払いの遅延や拒否に関して告発されたことがあり、広報部門を整えていたにもかかわらず、うまく対応できたわけではなかった。[※5] より大きな問題は、バークシャーがまるで自分たちが中小企業であるかのような態度をとっているということだ。分権化した組織体制がそのような錯覚を植え付けており、そのおかげで信頼を基盤とした文化を維持できている側面もある。ところが政治的に対立する人や一般大衆の目から見ると、バークシャーは巨大企業だ。確かに大きな批判にさらされるような失態はめったに起きない。その半面、そうした事態に備えて広報部門に多くの従業員を抱えるコストは甚大だ。

そのトレードオフのバランスをいかに取るのか、経営者は考慮すべき時期に来ている。

■ 金融

バークシャーとその子会社の一部は、格好の政治的標的になる。

クレイトン・ホームズを標的とした、2015年の政治的キャンペーンを見てみよう。同社は建売住宅の建設と住宅ローンを手がけている。[※6] 非営利の調査報道団体であるセンター・フォー・パブリック・インテグリティからの資援を受けて、ダニエル・ワグナーとマイク・ベーカーがシアトル・タイムズにクレイトンを批判する記事を書いた。同社の住宅販売チームが購入者に怪しげな住宅ローンを斡旋しているという内容だった。

顧客にはほかのローンを借りる選択の余地がほとんど与えられず、ローンの条件自体は悪くない（低額の頭金など）ものの、債務不履行やフォークロージャー（借り手がローンを返済できず、物件が銀行に差し押さえられて売りに出される）となる率が高く、厳しい取り立てがあると報じる内容だった。[※7]

クレイトンはすぐに記事のすべての内容を否定する声明を発表した。[※8] 顧客保護の方針を強調しつつ、記事の中で描かれているような一部のケースにおいては、経済的に困窮した顧客がローンの返済に苦慮し、フォークロージャーを経験していたことは認めた。記者は会社側の返答に対して一つひとつ反論した。[※9] 5週間後のバークシャーの年次株主総会でバフェットが記事の内容を否定し、記者のひとりは疑惑は晴れていないと返答した。[※10]

その後、記事が書かれた背景には政治的な思惑があったことが判明した。記事が発表された時期、連邦議会が建売住宅のローンに対する規制を協議し始めていた。２００８年の金融危機の後、ドッド・フランク法は金利の高いそうしたローンに対して情報公開と販売時期の要件を加えたが、議会は面倒で費用がかかるとして、そうした要件の撤廃を検討していたのだ。

クレイトンなど業界トップの企業が撤廃を支持し、一部の住宅保有者や消費者グループが撤廃に反対するという構図だった。建売住宅販売組合は低所得者による購入に規制を設けない重要性を強調していたが、消費者保護団体は低所得者層が金利の高い住宅ローンによって無一文にならないよう規制を推し進めていた。[※11]

当初の記事ではこれらの点に触れられていなかったものの、記者は5月中旬の続報記事でこのことに言及した。記事の主張をこの対立におけるクレイトンの立場と結びつけ、自分たちが反対の立場にいることを明確にしたのだ。つまり、調査報道ではなく記者はあくまで政治的な意図を持って記事を書き、中立的な立場で事実を報じたのではなく、意図的にクレイトンを標的にしていたことがわかった。また、記者のひとりであるワグナーには公表していない利益相反があった。彼の姉はクレイトン・ホームズを訴えた原告に付く弁護士だった。[※12]

NICOのスキャンダル記事と同じように、この記事は巨大な組織の小さな部門が直面する課題を浮き彫りにしている。あらゆる課題に対処できるよう、広報部門の人員を多めに確保するリスクがある一方で、必要に応じて人員を招集するリスクもある。

バークシャーではバランスを取り、メディアや政治を揺るがす大きな危機に対応する最後の砦としての役割は本社が務めるが、必要に応じて臨機応変に対応する役割は子会社の広報部門が務める。次に紹介するバークシャー・ハサウェイ・エナジーのように、政治的な争いに巻き込まれることが多い子会社の場合、広報部門の人員はあらかじめ多めに確保されている。

■エネルギー

バークシャー・ハサウェイ・エナジーはそのビジネスに絡んで国内の重要な政策議論の矢面に立つことが多く、広報とロビー活動の専門家チームを常備している。消費者エネルギー価格から気候変動、再生エネルギーの活用など、政治的関心の対象となる議論は多岐にわたる。

太陽光発電をめぐってネバダ州で政治的議論が起きたときは、地元の電力会社でバークシャー傘下のNVエナジーがそうした矢面に立った。太陽光発電を利用している一般家庭が家庭内で発電した電力を売電した際にもらえるクレジット（翌月以降の電気料金の減額分）を、いくらにするのかが争点だった。州法では、電力会社の過去の電力量ピークの最大3パーセント分まで住民にクレジットを与えると定めていた。※13

州全体の一般家庭の太陽光発電の総量がそれ以下であれば、太陽光発電の利用者全員が満額のクレジットをもらえる。一方、その基準を超えれば、新たな利用者はクレジットをもらえなくなる。太陽光発電の擁護団体はその上限を引き上げるよう求めた。すぐに上限に到達してしまうため、太陽光発電の導入をさらに推進する経済的インセンティブが必要だと訴えたのだ。

一方、NVエナジーは上限に到達するのはまだ先だと反論し、太陽光発電パネルを設置していない住民の電気料金が相対的に高くなることを回避する必要性も指摘した。

両サイドが精力的にロビー活動を行い、広報活動に打って出た結果、そうした活動が行きすぎているという非難も噴出した。例えば、ある公聴会では特定の人々を非難する「攻撃的な」メールを送っているとして、政治家が太陽光発電業界を非難し、主要な擁護団体に対して公に謝罪することを要請した。※14

NVエナジーに対する非難は親会社であるバークシャーにも飛び火し、特にバフェットは激しい非難の対象となった。単なる一地方の話にすぎなかったのが、行きすぎた資本主義という主張に彩られたダビデとゴリアテの戦い（小さな少年が大きな巨人に立ち向かう旧約聖書の話）にまで例えられたのだ。

ある記事は「ウォーレン・バフェット、グリーンエネルギーに対し矛盾したメッセージ」と題し、バフェットがバークシャーの再生エネルギーに対する投資を吹聴する裏で、ネバダ州では傘下のＮＶエナジーが再生エネルギーの普及に反対していると主張した。記事では「偽善者のように見えてしまうが、いつも結局は金なんだよ」という関係者からのコメントも引用している。※15

編集者はこのような筋書きが好きだったのかもしれない。消費者を擁護し、環境を大切にし、社会を変えようとする善良な人々が、バークシャー傘下の儲かっている独占的企業と対立する構図だ。

ところが実際は、化石燃料から再生可能エネルギーへの転換という、単純には白黒つけられない公共政策の退屈なお話にすぎない。バークシャーは利害を持つ立場にあり、ＮＶエナジーもその転換のプロセスに積極的に関与しているバークシャー・ハサウェイ・エナジーの多くの子会社の１社だ。

ただ、エネルギー専門の科学者と企業の経営幹部の間だけで閉じた議論をし、企業の要求通りにことが運べると考えているのであれば、それは馬鹿げている。それに関しては、広報やロビー活動の専門家が必要となる。バークシャー・ハサウェイ・エナジーはそうした専門家が必要なタイプの企業であり、この話は専門家を常勤させておくことで、十分に採算が取れるということを示している。

・・・・

フルタイムの広報人員はすべての子会社に必要なわけではないものの、一部の子会社には必要だ。分権化した組織体制では、それぞれの子会社が自分たちの必要に応じた対応が可能となる。たまに世間の大きな注目を集める巨大組織の場合、親会社が適宜サポートするものの、普段は子会社に対応させておくだけで十分かもしれず、そうすれば過剰人員や官僚制度の弊害を避けることができる。

一方、メディアや政治の批判の矛先がより向きやすい企業の場合、フルタイムの広報チームを常勤させておいた方が賢明かもしれず、その場合は親会社の介入が必要なくなるだろう。

Chapter ⑪

規模――「巨大すぎる」という疑念との闘い

バークシャーほどの規模に成長する企業はほとんどいないものの、多くは企業の成長に伴って様々な課題に直面する。

課題は多岐にわたる。目に見える変化をする新たな方法を見つける、拡大する組織をしっかりと監督する、コングロマリットの組織形態の中で焦点を維持する――などだ。最終的には、すべての企業が大きな組織に対する政治や大衆の漠然とした不信感に直面するのだが、それはもはや米国の政治では欠かせない風景となっている。

ウッドロウ・ウィルソンからルイス・ブランダイス、バーニー・サンダース、エリザベス・ウォーレンに至るまで、巨大企業は多くの米国人を震撼させてきた。つい最近で言えば、いわゆる「大きすぎて潰せない」金融機関が大衆の嫌悪の標的となり、いまでは金融システム上、重要だと分類された企業は政府の規制の対象となっている。コングロマリットを悪として描写するのはもはや世間のお楽しみの一つであり、今日では一部の巨大企業は「大きすぎて成功しない」と揶揄されている。

ウィルソン大統領は大企業では組織のミッションが優先されるあまり、従業員の個性が埋没すると主張した。それは特にオーガニックな「既存の経営資源を利用した」成長ではなく、M&Aによって大きくなった企業に顕著な傾向だと言う。

労働者が自分たちのことをチームのメンバーのひとりではなく、単なる帝国の歩兵にすぎないと見なしたとき、彼らの士気は下がる。最高裁判所判事だったブランダイスは、企業の合併は社会の福祉や国家の精神への脅威だと警告した。

経営者も憂慮の対象となった。ある企業が別の企業を買収したとき、買収された企業のCEOは船の船長としての役から下ろされ、企業の官僚組織というクルーの船員としての席しかあてがわれない。

巨大企業を批評する人は、巨大化によって富が労働者から経営者へ移転されやすくなると主張する。それは急騰する経営者の報酬に表れており、彼らの報酬は業績よりも規模に連動しやすい株式で支払われることも多い。上院議員のウォーレンとサンダースが指摘するように、結果的に経済社会階層に致命的なくさびを打ち込むことになるのだ。

さらに悪いことに、大企業は規模が大きくなるに従って、より大きな政治的影響力を行使することが可能となる。それは民主主義の価値観に反することだ。

表面だけ見ると、バークシャーもそうした非難の標的になりやすいと思えるかもしれない。資産、純資産、従業員数、いずれの尺度で見ても米国最大の企業の1社だ。もしバークシャーを一つの国と見て、さらにその売上高をGDP（国内総生産）と見立てた場合、アイルランド、クウェート、ニュージーランドと並び、世界の上位50カ国に入る。近年の成長のほとんどは積極的な買収によるものだ。9社を完全子会社化しており、それらを合計すればフォーチュン500に匹敵する規模だ。

ただ、バークシャーはポピュリストが非難するタイプの罪は犯しておらず、それは子会社の自立など同社固有の企業文化のおかげだった。バークシャーの買収において、買収された企業のCEOは船長のままだ。船員として加わる官僚組織はない。その現象をテーマとして書かれた本――ロバート・マイルズ著、『The Warren Buffett CEO: Secrets from the Berkshire Hathaway Managers』[※1]――もあるくらいだ。バークシャーの自立と信頼の文化がスチュワードシップの意識を与えてくれるとCEOたちは語っている。

バークシャーの経営幹部の給与水準は十分高いが、ほかの上場企業の経営幹部ほど法外ではない。給与は彼らがコントロールできる業績の数字と明確に連動しており、株式ではなく現金で支払われる。さらに、バフェットの給与もほかの米国のCEOと比べればささいな金額だ。

バークシャーが非常に大きな政治的影響力を行使していると考える批評家がいたとして

も、特定の個人や子会社は別として、それを裏付ける証拠はほとんどない。バークシャーは2004年まで、ロビー活動にほとんどお金を使わなかった。年間30万ドル程度だ。一方、ボーイングやベライゾンなどほかの大企業は1000万ドル近くの大金をロビー活動に費やしている。

それ以降、バークシャーのエネルギービジネスの規模が4倍に拡大し、2009年に同じく規制業種を手がけるBNSF鉄道を買収したことで、ロビー活動の費用はおよそ600万ドルまで増えた。それでも同程度の規模の企業が使っている費用に比べるとほんのわずかだ。バークシャーはそもそも政治的な批判を受けるような企業ではないが、さらに比較的少ないロビー活動費用によって、非民主主義的な縁故資本主義といった誹りを免れている。

■大きすぎて潰せない

2008年の金融危機を受けて、規模は銀行にとって厄介なものとなった。一部の金融機関はあまりに巨大化し、金融システム上、重要な存在となったため、倒産しそうになると政府が過度に介入せざるを得ない必要性が出てきた。

２００８年には、政府当局がバークシャーのライバルであるＡＩＧやかつての投資先企業であるフレディ・マックなどの金融機関を国有化した。また、カントリーワイドやワコビアの売却を指揮したほか、ほかの様々な業種にも介入し、リーマン・ブラザーズの破綻も許した。

２０１０年のドッド・フランク法の施行を受けて、巨大金融機関はすべて最低限の資産を維持し、負債にも上限を設けるよう厳格に規制された。大手銀行に加え、政府当局は大手保険会社もシステム上、重要な金融機関（ＳＩＦＩｓ）に指定し、厳しい規制と監督を受けるようになった。

企業の肥大化に懐疑的な人はバークシャーもＳＩＦＩに指定すべきだと提案し、イングランド銀行が公式に米国当局にバークシャーがＳＩＦＩから除外された理由を問う事態にまで発展した。そこにはいくつかの理由があった。まず、２００８年に金融危機が起きた際、バークシャーは巨大金融機関や一部の企業とは対照的に、むしろ資金を市場に供給する立場だった。

また、金融業を中心に営む多くの競合他社とは違い、バークシャーは多角経営を推進した結果、かつて中心だった保険・金融ビジネスの社内での重要度が低下していた。保険を足がかりとした投資企業から巨大な産業コングロマリットへの進化は、１９９０年ごろにはすでに鮮明だった。ちょうど企業のコングロマリット化に対する批判が高まり、そうした動きが後退していた時期だ。

■コングロマリット

バークシャーはコングロマリット企業が陥りがちな失敗をうまく避けてきた。コングロマリット化はバフェットがバークシャーの経営を始めた1965年ごろには流行していたが、その後次第に廃れていった。

1960～70年代がコングロマリットの全盛期だった。1950年に施行された競合会社同士の合併を抑制するセラー・キーフォーバー法によって、無関係な企業の間の買収が促進されたのだ。[※2]野心的なCEOが種々雑多な企業を買いあさり、巨大な企業集団が誕生した。

代表的な例はITTコーポレーションだ。ハロルド・ジェニーンと彼を継いだランド・アラスコッグの経営の下、レンタカー、製パン、ホテル、保険を含め、350社を傘下に収めた。そのほかにも、ヘンリー・シングルトンが創業したテレダイン・テクノロジーズの傘下にはアコースティック・スピーカー、航空機、銀行、コンピュータ、エンジン、保険など、およそ100社が名を連ねた。1980年には、フォーチュン500企業の大多数がコングロマリットだった。※3 それには規模の拡大、シナジーの創出、経営の視野拡大、分散投資など、様々な合理的理由があった。

ところが、傲慢な経営者が気ままに帝国を拡大しているだけだという批判もあった。傘下企業の多くは経営難で、長期にわたって巨額の損失を出し、内部での資本配分は非効率であり、コングロマリットの経営が困難であることは明らかだと批判者たちは主張した。株主価値の最大化を図る敵対的買収業者や事業の集中を勧める学者などからの圧力もあり、コングロマリットモデルは徐々に衰退していった。

カール・アイカーンやロナルド・ペレルマンといった乗っ取り屋、コールバーグ・クラビス・ロバーツなどのPEファンドはコングロマリットを標的とし、それらの企業を解体していった。ITTやテレダインなどは時代の変化に屈し、コングロマリットを複数の企業に分割していった。※4

1990年にはコングロマリットの時代は終わり、組織形態としては間違いだと広く見なされるようになった。コングロマリット全体を画一的な制度で統一し、子会社をマイクロマネジメントする経営者が事業の成功を阻んだのだ。実際は、自分たちのビジネスに合った制度の導入が許され、独自の専門性が活かせる領域に集中できたとき、子会社の経営者は成果を上げやすい。

取締役会には忠実なアドバイザーよりも、監督機関としての役割がますます求められるようになっていたが、巨大化していく帝国全体に目を行き渡らせることはできなかった。資本配分が下手なコングロマリットの経営者よりも、株主の方がより効率的に資金を配分できた。また、米国の独占禁止をめぐる政策が競合会社同士の合併を許容する方向に舵を切っていた。※5

同じ時期、バークシャーは小さな投資事業組合から多くの株式を保有する分散型のコングロマリットに変貌を遂げていた。いまではITTやテレダインだけではなく、ビアトリス・カンパニーズ、ガルフ・アンド・ウエスタン・インダストリーズ、リットン・インダストリーズ、テクストロンなど、1980年代のほかの巨大コングロマリットよりも手広く事業を手がけている。その業績も桁違いだ。

バークシャーが成功した大きな理由の一つは、あらゆる落とし穴を認識し、うまく避けてきたことにある。バフェットのCEOとしての経営手法は、マイクロマネジャーの対極にある。組織の分権化と自立の原則によって、経営者たちはそれぞれのビジネスに集中できる。バフェットの卓越した投資に関する洞察力のおかげで、事業を多角化しても株主に価値をもたらしている。また、バークシャー内部で資本配分を行うおかげで、取引コストや税金をかなり抑えられている。

バークシャーは確かに特別なのかもしれない。ただChapter8で紹介したように、保険会社（アレゲーニー・コーポレーション、フェアファックス・ファイナンシャル、マーケル・コーポレーション）や洗練されたビジネスモデルを持つ他業種の企業（コンステレーション・ソフトウェア、ダナハー・コーポレーション、イリノイ・ツール・ワークス）でも、バークシャーの経営手法を取り入れることで、かなりの成功を収めるケースも出てきている。

■ 大きすぎて成功しない

反コングロマリットの風潮が強まったことを受けて、規制上の懸念から言われるようになった「大きすぎて潰せない」をもじって、「大きすぎて成功しない」ことを実証しようという動きも出ている。実際に、大企業は長期的には小さい企業より業績面で劣るという研究結果が出ている。オーガニックな成長（本業を生かした自律的な成長）の失敗を隠すために、買収で規模を拡大しているにすぎないと批判する人もいる。買収による規模の拡大は社内の戦略が矛盾してきている、つまり自滅している兆しだというのだ。初期のポピュリストが警告したように、企業の規模が大きくなることで、経営者は人的な要素を犠牲にして短期的な利益を重視するようになると現代の評論家は主張する。

一方で、企業の規模と業績の関係はそれほど明らかではないと言う人もいる。逆の意見を持つ人は、大企業は規模の拡大によるスケールメリットを享受でき、規模に付随する負の側面にしても、組織を小さなチームに分割し、信頼を基盤とした文化を築き、社員全員が目的意識を共有することで抑制できると訴える。小さなビジネスユニットで構成される巨大組織を育てていくリーダーシップのモデルとして、彼らはバークシャーの名前を挙げる。

バフェットはバークシャーの巨大化は偶然だと繰り返し強調している。1982年にはすでに株主への手紙の中で、「私たちは企業の規模と株主の富がイコールだとは見ていません」と述べている。マンガーは買収や所得税などの問題に言及した際に、企業の力が集中しすぎることへの反感を表明している。[※6] ふたりにとってバークシャーの巨大化は偶然の産物であり、規模の拡大を求めたというよりは、結果的にそうなったという方が正しい。

最大の強みはときに最大の弱みになる。バークシャーのモデルに関しても、同じことが言える。そのすばらしい経営手法——自前主義、自立、分権、日和見的買収——は個々の経営者の起業家精神を育むものの、同時に、失敗、独りよがり、評判を損なうリスクもつきまとう。

　規模自体は問題ではないが、唯一真のデメリットは高い自己資本利益率を維持することが難しくなるということかもしれない。バフェットは何十年にもわたって自己資本利益率を低下させており、１９９４年の株主への手紙ですでに次のように警告している。

「分厚い財布は優れた投資リターンの敵です。バークシャーの純資産は私とチャーリーが経営を始めたころはおよそ２２００万ドルでしたが、いまでは１１９億ドルまで膨れ上がりました」

　時代は変わった。バークシャーの純資産の年間増加額は過去10年のうち7年で前年を上回った。純資産は１９９４年の水準のおよそ25倍に当たる、３０００億ドルに近づいている。バークシャーの企業文化の並外れた価値は、その規模とは無関係だ。（このＣｈａｐｔｅｒの冒頭に紹介した大企業化に批判的だった）ブランダイス最高裁判事とウィルソン大統領にさえ愛されていたかもしれない会社だ。

Chapter ⑫

後継――「いつか訪れる最期」へのバフェットの回答

バフェットが80歳の誕生日を迎えたころ、英誌エコノミストは記事の中でバークシャーが「最後の仕上げの時期に入った」と書いた。[※1] スティーヴン・ダビドフ・ソロモンはニューヨーク・タイムズで、バークシャーを誉れ高い企業に育て上げたバフェットの特異な才能は「他者にはまねすることができない」と嘆いた。[※2] 投資家のダグラス・カスは2013年の年次株主総会で、テレダイン・テクノロジーズがヘンリー・シングルトン不在では存続できなかったように、バークシャーもバフェット不在ではやっていけないだろうと述べた。

まるでバークシャーを結束させられるのは、バフェットしかいないという前提での物言いの数々だ。同社において信頼が果たしている役割を全く考慮に入れていない。バフェットがいなくなるのは確かに大きな変化だが、ほかの数多くの人々、そして同社の文化的要素も絡んでいる。バフェット引退後のバークシャーを単純に予測することはできないのだ。その疑問に答えるには、同社の後継者プランや企業文化において信頼が果たす役割についても勘案する必要がある。

誰がバフェットを継いでバークシャーの経営を担うのか？　この疑問に関しては長い間、様々な推測がなされてきた。後継者プランの策定は通常、かなりの手間ひまを要するものだが、バークシャーはむしろ手間ひまをかけすぎないことで批判されている。

ただ、ＣＥＯのことだけを考えていれば済む多くの取締役会とは違い、バークシャーの取締役会は将来のリーダーシップに関して多方面にわたるプランを練ってきた。

バークシャーの後継者プランでは、バフェットの役割をふたりの人物に振り分けることを求めている。初期のころは、投資運用はガイコでポートフォリオマネジャーを長く務めてきたルイ・シンプソンが、経営はマンガーが担う予定だった。ふたりともバフェットと価値観を共有し、バークシャーの文化を理解している。ところがシンプソンは引退し、マンガーも80代に突入するなど、３人全員が高齢になったことでプランとしては成立しなくなった。

現在の後継者プランでは、投資運用はトッド・クームズとテッド・ウェシュラーを含む何人かのポートフォリオマネジャーが担う予定となっている。経営に関しては、傘下の子会社の経営者の中から選ばれるだろう。２０１８年にはアジット・ジェインとグレッグ・アベルが取締役に任命され、それぞれ保険業と保険業以外を統括する副会長に指名されている。

最後に、CEOと会長の役割をふたりの人物に振り分ける必要があり、バフェットは息子のハワードを会長にすることを示唆している。ハワードが引き継ぐのはCEOとCIOのほかにバフェットが担っているもう1つの役割のように見えるかもしれないが、実際はマンガーがナンバー2と兼務していた役割と見た方が適切かもしれない。結局、マンガーの最も大切な役割はバフェットに対してノーと言うことであり、それがハワードにとって最も重要な役割の一つになるだろう。ただ、何に対してノーと言うのか、その対象は変わってくるはずだ。

マンガーの拒否権は、思慮を欠いた買収に手を出させないためのふるいの役割を果たしていた。バークシャーを築く過程において、その文化の形成に大きな役割を果たしたものだ。

ハワードの役割は文化の形成ではなく、その維持にある。買収アイデアを思いとどまらせるためではなく、バークシャーを特別な存在にした価値観——約束を守る、子会社の永久保有と自立——を忘れさせないようにするために、ハワードはノーと言う必要が出てくるだろう。極端な場合において、ハワードの役割は独りよがりのCEOを解任することだ。

つまり、ハワードの主なタスクは父親がやらなかったことであり、父親を有名にしたタスク「投資と経営」は一つとして担わないことになる。親と同じ役割を担わされた息子は親を基準に評価され、出来損ないと評価されることがよくある。こうすることで、伝説的な創業者の息子を苦しめる罠を巧みに回避しようというわけだ。

外部の人はハワードの役割を誤解し、無理難題とも言える父親との比較で彼を評価したがるかもしれないが、それは不公平というものだ。やがてハワードが果たすべき役割は明確になる。彼のバークシャーの文化に対する理解とバークシャーへの情熱を考えれば、彼はおそらく期待に応えるだろう。ただ、彼ひとりでできることではない。バークシャーの株主から信頼し続けてもらうことが必須だ。ハワードが担おうとしている責務にきちんと思いを馳せてほしい。

コングロマリットの形態を猛烈に批判する勢力がおり、彼らはコングロマリット企業の解体を求めるだろう。デュポンやユナイテッド・テクノロジーズなどの代表的な企業を含め、多くの偉大なコングロマリットが近年その命運をたどった。

コングロマリット時代のずいぶん前には、企業はバークシャーのように永続的な存在だと考えられていた。それから乗っ取り屋の時代に少しずつ移行する中で、企業は一時的なはかない存在だと見られるようになり、実際にそうなっている。※3

物言う株主やプライベート・エクイティなど、企業に短期的な成果を求めようとする個人や企業の台頭を受けて、それはいまだに支配的な考え方だ。

時代遅れとなったことでコングロマリットには敵が増え、強固な自己防衛が求められるようになった。安定的に高い業績を出し続けることが最良の自己防衛ではあるものの、忠誠心のある大株主の存在も極めて大切だ。[※4] バークシャーはバフェットが盤石の大株主であり、そのビジネスモデルにノーを突きつける物言う株主はいない。

ただ、バフェット引退後にはそうはいかなくなるかもしれない。

バークシャーの時価総額は5000億ドル近くに達するものの、多くのアナリストはバークシャーの価値をそれ以上だとするバフェットの意見に同調する。バークシャーの価値はその傘下企業の価値の総額を上回るはずだ。最適な資本配分、極めて小さな事業リスク、経営上の視野の広さ、資金調達コストの安さ、税効率、間接費の抑制など、その組織体制が大きな利益をもたらしているからだ。

ビジネスモデルに対する批判を援用しながら、物言う株主はバフェットの後継者に経営難の事業を売却し、良くも悪くもない事業を切り離し、さらに一部の子会社では経営陣を刷新するよう求めるだろう。改革の過程において、現金を株主に還元するよう求めるはずだ。そうした事業売却や株主還元によって、株主が受け取る短期的な価値がいかに増えるのかを喧伝するに違いない。

その一方で、バークシャーの株主が得られる長期的な価値、企業を売却してくれた創業者に誓った約束を果たすこと、子会社に経営の自立を認める永続的な保有、税金や取引コストを抑えつつ、多額の資金を子会社間で融通できる環境などのメリットを強調した反論も出てくるはずだ。

そうしたコミットメントや柔軟性の経済的価値は、必ずしもバークシャーの株価や個々の子会社のバリュエーションには反映されていない。買収するときのみ、そうした付加価値は明らかになるかもしれない。そしてコングロマリットの形態を維持することによってのみ、その付加価値は守られるのかもしれない。

議論の成否を決めるのは、バークシャーの株主だ。バフェットの後を継いだ経営者たちが複数年にわたって好調な業績を維持したと仮定すると、株主は彼らのリーダーシップやバークシャーモデルに対して信認を維持するか判断すべき局面が来るだろう。

それはまさに信頼を基盤としたモデルに対する株主投票と言える。私たちであれば、信認の票を投じる。

エピローグ

無慈悲という名の鞭

■大きな批判を呼んだバフェットの失敗

バフェットはバークシャーのビジネスモデルの長所と短所をわかりやすい言葉で表現している。

私たちには多くの子会社がありますが、それぞれに自立した経営を任せています。親会社が監督・監視することは全くありません。裏を返せば、子会社の経営上の問題の発見が遅れる可能性があり、「賛同できないような」経営や資本政策に関する意思決定がなされる場合もあることを意味します……ただ、ほとんどの経営者は与えられた自立をうまく活用し、株主重視の心構えを損なうことなく私たちの信頼に応えてくれます。株主重視の心構えは非常に大切で、大きな組織では残念なことにめったに見られません。私たちは息が詰まる官僚制度がもたらす過度な意思決定の遅れ――もしくは意思決定の欠如――で、多くの目に見えないコストが生じるくらいであれば、何度か間違った意思決定をして、目に見えるコストが生じた方がマシだと思っています。※1

バークシャーの経営手法はあまりに特異なため、危機に直面したときにはその企業文化をめぐって大々的な議論にまで発展する。自立と信頼に基づいたバークシャーモデルと指揮と制御に基づいたより一般的な経営手法。企業文化としては、果たしてどちらが良いのだろうか？

デイヴィッド・ソコルをめぐる事件ほど、バークシャーの文化に教訓を与えたエピソードはないだろう。彼は多くの子会社の経営にかかわっていたカリスマ的な幹部で、買収候補先の企業の株式のインサイダートレーディングの疑いが持たれていた。

バフェットは２０１０年、当時ミッド・アメリカン・エナジーとネットジェッツを経営していたソコルに買収の機会を探してほしいと依頼した。バークシャーグループのＣＥＯは全員、買収候補となる企業を探すことを求められていたが、バフェットの後継者と広く目されていたソコルにとっては、まさに後継者としての資質を試される課題だった。

ソコルのやり方はバークシャーらしくないものだった。バンカーを雇い、彼らに手を貸してもらったのだ。シティグループから送られてきたチームに指示を出し、化学業界に焦点を当てるよう要望した。チームは18社の買収候補企業を集め、ソコルはそのうちの1社に魅了された。自動車産業や石油産業で使われる添加剤などの特殊化学製品を製造するルーブリゾール・コーポレーションだ。ソコルは2010年12月13日、同社のCEOであるジェームス・L・ハンブリックがバフェットと買収について話し合う意思があるかどうか、バンカーに探りを入れてもらった。ハンブリックは取締役会で協議すると答え、12月17日にシティのチームはソコルに報告した。

ソコルはルーブリゾールを卓越した企業ですばらしい投資先だと考え、2011年1月の第1週、年収2400万ドル[※2]だった彼は同社の株式1000万ドル分を自己資金で購入した（12月中旬にもそれより少ない額の株式を短期売買していた）。翌週の1月14日、ハンブリックはソコルに電話して興味があることを伝え、バフェットとの会合を設定してもらった。ソコルはその段階でようやく、この買収の機会をバフェットに報告したのだ。

「その会社のことは全く知らないな」とバフェットは言った。

「とりあえず見てみてください。バークシャーには合うかもしれません」とソコルは答えた。

「どうしてだい？」

「個人的に株を持っていました。良い会社ですよ。バークシャータイプの企業です[※3]」

バフェットは同社の年次報告書を読み込んだ。石油添加剤がエンジンの稼働に不可欠だということ以外は、化学についてすべてを理解できたわけではなかった。ただ、バフェットはその業界の経済的特徴と企業の業界での立ち位置を理解することが、事業の難解な詳細を理解することよりも重要だと語っている。[※4] 2月8日、ソコルと意見交換し、ハンブリックとランチを共にした後、バフェットはルーブリゾールの文化を概ね理解し、将来性は有望だと感じた。

3月14日までに、バークシャーは株価に30パーセントのプレミアムをのせてルーブリゾールを買収することで合意した。発表後、シティのバンカーでバフェットの担当者でもある[※5]ジョン・フリューンドはバフェットに電話で祝辞を伝え、自分たちが果たした役割を誇りに思っていると話した。

バフェットにとっては寝耳に水だった。彼はCFOのマーク・ハンバーグに頼んで、ソコルからシティの役割に関する詳細を訊いてもらった。ソコルはシティの役割をかいつまんで説明し、自分が最近、ルーブリゾールの株式を購入していたことも伝えた。バフェットにはそのことを伝えていなかった。

翌週、マンガー・トールズ＆オルソンに所属するバークシャーの顧問弁護士がソコルに厳しく尋問し、ルーブリゾールの弁護士がソコルの取引に関する開示資料を作成するのも手伝った。その週、バフェットはアジアに滞在しており、帰国すると、ソコルは辞表を提出した。ソコルは過去に2度、辞任しようとしたことがあり、その際はバフェットやほかの取締役が残るよう説得していた。ところが今回は違った。

3月29日、バフェットはソコルの辞任を伝えるプレスリリースを書き、ソコルにも内容を確認してもらった。その草案では、辞任は今回の出来事でバフェットの後を継ぐ希望が絶たれたためだと説明していた。ソコルはその理由説明には納得しなかった。バフェットの後を継ぐ意思はそもそもなく、今回の辞任も個人的な理由によるものだと説明した。そもそも何も悪いことはしていないというのが彼の考えだった。[※6]

翌日にプレスリリースを発表する前、バフェットは原稿の中身をソコルの辞表から一部抜粋したものに書き換えた。ソコルの辞任は、家族の資産を管理する目的だということにした。さらに、ソコルのバークシャーに対する「非常に大きな貢献」を称えた。それからソコルのループリゾール株の購入に関する概要を説明し、取引はあくまで合法的なものであり、辞任とは無関係だというソコルの主張を付け加えた。

3月30日に発表されたプレスリリースには大きな批判が巻き起こった。部外者から見ると、ソコルの行為はインサイダートレーディングのように見える。そのような行為に対して寛大な言葉をかけることが、バークシャーとバフェットの普段の公正な態度とは相いれないものと感じたのだ。それは「バフェットとソコルの親しい相互依存の関係性を表しており、彼のこれまでのバークシャーに対する貢献を鑑みて、大目に見ようと便宜を図ったように見える」[※7]。株主はバフェットが激怒しない理由を知りたいと要求した。

バフェットは批判を受け止め、もし顧問弁護士がそのリリースを書いていたら、もう少し言葉を選んでいただろうと述べている。マンガーもリリースの内容の落ち度を認めたものの、報道発表に怒りを持ち込むべきではないと注意を促した[※8]。顧問弁護士は抑制の効いた言葉でプレスリリースを書く腕を磨いており、CEOは彼らに代筆してもらうことが多い。バフェットは自分自身でプレスリリースを書くことによって、過ちを犯した。専門家に任せることが、ときには必要であることを裏付ける教訓となった。

ソコルのケースでは、評論家が即座にバークシャーの企業文化はあまりに不干渉主義すぎて「部下や他人に任せすぎる」と批判しており、それを考えると皮肉なことだ。

バークシャーの監査委員会は、マンガー・トールズ＆オルソンの弁護団に第三者としてソコルの事件を評価してもらった。監査委員会は4月26日、ソコルがルーブリゾールの株式を購入したことはバークシャーの方針に反するという結論を出した。同社は買収を検討している企業の株式を経営者が買うことを制限し、極秘の企業情報を個人的な目的で利用することを禁じていた。特にソコルはバフェットが2年に一度、バークシャーのCEOに向けて書く手紙に書かれている第一のルールを破っていた。バークシャーの評判を守らなければならないというルールだ。

監査委員会の厳しい一言は、3月30日のプレスリリースに対する外部からの叱責よりもバフェットの心に大きく響いた。

4月30日のバークシャーの年次株主総会で、バフェットはこの件をオープニングのテーマに当てた。彼は従業員に対して新聞の一面になっては困るような行為は厳に慎むよう語りかけている、20年前のソロモン・ブラザーズでの会見の映像を見せた。さらにソコルの行為は「言い訳できるものでも、説明できるものでもない」と非難した。まさにバフェットがソロモン・ブラザーズのスキャンダルの当事者について語ったときに使われた言い回しだ。バフェットはさらなる批判を展開し、バークシャーの信頼を基盤としたモデルについて、改めて声を大にして周知させた。

ソコルが企業の方針に違反したということは、バークシャーの内部統制システムが有効に機能していない証拠ではないかと批評家は訴えた。Chapter6で説明したように、現代の内部統制システムは形式的な指揮統制に大きく依存しており、手続き、報告、承認、二重の監督から成り立っている。対照的に、バークシャーはそうしたプロセスよりも人に信頼を置いている。バークシャーの信頼を基盤とした文化が、ソコル事件が起きた真の原因ではないかと批評家は疑っているのだ。※9

あらゆる違反行為について、企業の内部統制や文化が原因だと批判するのは言い過ぎだろう。すべての違反行為を未然に防ぐような制度はなく、最も機能的とされる指揮統制システムでもそれは変わらない。ソコルの事件は、企業が文化と統制によって社員のどのような行為を阻止したいと思っているのかがよくわかる格好の事例だ。実際に、信頼を基盤としたバークシャーモデルの限界を露呈する出来事だった。※10

マンガーは２０１１年４月30日の年次株主総会で、このテーマにさらに説明を加えている。

最も偉大な組織は……信頼できる人を選んだ上で、彼らを心から信頼します……信頼されること、そしてその信頼に足る人物になることで、大きな自尊心が育まれます。最もコンプライアンス意識の高い文化とは、こうした信頼の心が根付いた文化です。ウォルマートのように最も大きなコンプライアンス部門を抱える「企業文化」において、最も頻繁にスキャンダルは起きます。コンプライアンス部門を拡大すれば自動的に社員の態度が改善するといった、単純なものではないのです。至って当たり前の信頼の文化こそ有効に機能します。バークシャーはこれまで大きなスキャンダルとはほぼ無縁で、これからもその数が大きく増えることはないと思います。※11

■バフェットが決して容赦しないこと

いかなる企業文化においても、違反行為に対してどのように対応するのかは非常に重要だ。2011年の年次株主総会で、詰めかけた聴衆はバフェットのソロモン時代の忠告が再び会場内に響きわたるのを耳にした。本書でこれまで再三引用している言葉だが、改めてここで引用する。

「会社のために働いた結果、損失を出すことには理解を示します。ただ、会社の評判を少しでも損ねたとしたら、私は決して容赦しません」※12

ソコルの事件に関して、バークシャーはすべての情報を証券取引委員会（SEC）に提出した。SECはその事件を調べた結果、最終的に2013年1月に立件を断念した。具体的な説明はなかったものの、法廷での勝利が確実ではなかったからだ。そもそも、ソコルはバークシャーの買収に関して全く権限がなかった。

つまり、彼が同社の株式を購入した時点では、彼が持っていた「情報」はまだ確定したものではなかったのだ。SECは実現性という法的要件を証明するのが難しいと判断したのかもしれない。加えて、ソコルはルーブリゾールの従業員ではないため、株式を購入したとしても典型的なインサイダートレーディングではなく、SECはバークシャーの持っていた情報が取引で「悪用された」ことを証明する必要があった。その点に関しては明らかではなかった[※13]。

SECの判断は、バークシャーの監査委員会とは異なっている。ただ、倫理規定は法律よりも厳格なため、企業の判断と司法の結論が異なることは企業活動においてはよくあることだ。法律は最低限の要件だけを定め、企業が独自の裁量で倫理基準を引き上げられるようにしている。実際、多くの指揮統制システムは法律の字義に従うための仕組みにすぎないが、バークシャーの信頼と自立の文化はさらに高い倫理基準を満たすことを目指している[※14]。

バークシャーの対応は、SECの結論と矛盾するものではない。ソコルの過ちはルーブリゾールの株式を購入したことよりも、購入したことをバフェットらに報告しなかったことにある。

ソコルはSECの判断が彼の無実を証明していると主張するが、監査委員会の判断は、バークシャーが一般大衆の評判に敏感であることを裏付けているにすぎない。Chapter4で述べたように、ソコルの弁護士は彼の行為がバークシャーとの雇用契約で認められていると主張している。※15
確かに彼の違反行為は、その代償に比べると取るに足らないものかもしれない。バフェットが言った「容赦をしない」とは、つまりそういうことなのだ。

幸いなことに、バークシャーモデルでは無慈悲という名の鞭はめったに与えられないものだ。

その土壌にあるのは信頼という名のアメであり、ほとんどあらゆる決断が広大な信頼域の範囲内でなされている。

訳者あとがき

本書はLawrence A. Cunningham and Stephanie Cuba, Margin of Trust, 2020の全訳である。世界で最も著名な投資家であるウォーレン・バフェットには、世界有数のコングロマリット企業の経営者という顔がある。既に多くのバフェット本を執筆している著者が、新たに経営者バフェットに焦点を当てて書いたのが本書だ。

バフェットはことしの株主への手紙（株主に向けて書いている年次書簡）の中で、バークシャー・ハサウェイの企業文化について書かれた本として本書を紹介しており、バフェット公認の書と言っても過言ではない。

原書のタイトル「Margin of Trust」とは信頼の厚さ、信頼の余地といった意味であり、本書では信頼域と訳している。

バフェットの師であるベンジャミン・グレアムが名著『賢明なる投資家』（パンローリング・2000年）において言及し、ふたりの投資原則の核ともなっている「Margin of Safety（安全域）」をもじってつくられた造語で、バフェット流の経営の真髄を表している。詳細については本書を読んでいただきたいが、簡単に説明すると、企業経営においては部下や仲間に対する信頼を最も重視し、心から信頼できる人物が現れたときは、全幅の信頼を寄せて権限を委譲するべきだという考え方だ。

本書では過去の買収、株主や経営者に対する態度、ガバナンスのあり方など複数の具体例を挙げながら、いかにバフェットが企業経営において信頼を重視しているのかをわかりやすく解説している。バークシャーのビジネスモデルの特徴と言えば、友好的な買収、経営課題の外交的な解決、ステークホルダーとの約束を守る、権限の委譲、子会社の永久保有などが挙げられるが、いずれもそのベースには信頼を重視する企業文化が横たわっている。時価総額が50兆円超（時価総額日本一のトヨタ自動車の2倍以上）にもなる企業の経営の原則としては驚くほどシンプルな考え方であり、何か特別で高度な経営手法を期待して読んだ読者の方は肩透かしを食らうかもしれない。

科学的管理法や複雑なコーポレート・ガバナンスの仕組みが発展した米国を代表する企業とは思えないほど、ウェットで道義的色合いの濃い原則だ。ただ、おそらくそのシンプルな原則を徹頭徹尾、貫徹させるところがバフェットのすごさであり、それは彼の投資にも共通して言えることだ。

バフェットはなぜそれほど部下や仲間を信頼し、任せることができるのか？　それはひとえに彼が投資家としても培ってきた、人や企業を見極める能力にある。バフェットは企業への投資を判断する際にも、既存の経営者の資質や能力を重視する。バフェットの投資家としての成功と経営者としての成功はいずれも、彼の人を見極める能力に収斂されると言ってもあながち間違いではないだろう。「自分の得意分野にしか手を出さない」という堅実なルールが、その正しい選択眼を可能にしている。２０００年前後のＩＴバブルのとき、バフェットは狂乱するマーケットとは冷静に距離を置きながら、「自分には理解できない」という理由でＩＴ銘柄には手を出さず、大きな損失を免れたことはよく知られている逸話だ。

本書の中でも引用されているが、第16代アメリカ合衆国大統領のエイブラハム・リンカーンは、「人々は正しく、十分に信頼されれば、その信頼に応えてくれる」と言ったという。まさにその言葉通りの経営を実践しているのが、バフェットなのである。

本書を読むと、バフェットの経営原則は現代経営学の父とされ、日本でも絶大な人気を誇るピーター・ドラッカーと共通する部分が多いことにも気づく。バークシャーの信頼を基盤としたビジネスモデルの核となるのが自立と分権だが、自立と分権はドラッカーもその重要性を説いていた経営手法だ。

また、部下や仲間を信頼するという考え方も、「人こそ最大の資産」と説いたドラッカーの経営哲学と通ずる部分がある。『マネジメント 基本と原則』（ダイヤモンド社・2001年）によると、ドラッカーは連邦分権組織を最良の組織体制と評価していた。組織をいくつかの自立した部門に分割し、自立した部門がそれぞれの業績と組織全体への貢献に責任を持ち、それぞれが独自のマネジメントを持つという体制であり、まさにバフェットがバークシャーにおいて実践している組織体制だ。

こうした組織体制には事業部門のそれぞれの人間が自らの課題を容易に理解でき、マネジャーの目と力を直接、事業の業績と成果に向けさせることができるなどの利点がある。何より最大の利点は、組織の将来を担うマネジャーの育成にあり、連邦分権組織だけがトップマネジメントの責任を担える人物を育成できるという。

投資家としての名声が先行しているバフェットだが、著者によると最近では経営者バフェットへの注目も高まりつつある。わかりやすい例を挙げると、グーグルの持株会社であるアルファベット、そして孫正義率いるソフトバンクグループという日米のテクノロジー二大巨頭が、バークシャーを意識した組織づくりをしていることを明言している。業種を問わず、幅広いビジネスを手がける企業にとっては、バークシャーは格好のお手本として確固たる地位を確立しつつあるようだ。

日系米国人の政治学者フランシス・フクヤマは『信無くば立たず』（三笠書房・1996年）

において、社会における信頼の土壌こそが国力の源泉であると指摘し、国民同士の信頼感が強い高信頼社会として日本を挙げている。グローバルに活躍する民間の巨大企業が日本に多い理由も、信頼という社会資本がその根底にあるという見方だ。本書が指摘しているように、信頼がバークシャーという組織の成功のカギを握っているのであれば、もともと信頼という土壌が根付いている日本においては、必ずやそのビジネスモデルから多くのことを学べるはずだ。

ここで著者について簡単に紹介する。ローレンス・A・カニンガムは現在、ジョージ・ワシントン大学ロースクールの教授を務めており、これまでバフェットやバリュー投資に関する著書を数多く執筆している。中でも『バフェットからの手紙』(パンローリング・2000年)は世界的ベストセラーとなり、おそらく本書を手にしている読者の中にも既に読んだことのある方は多いだろう。

本書のテーマでもあるコーポレート・ガバナンスや企業文化などを専門とし、学者としても多数の実績を残している。ステファニー・キューバはカニンガムの妻であり、不動産コンサルティング会社の経営者という顔も持っている。

本書はダイヤモンド社書籍編集局第一編集部の鈴木豪氏からの誘いを受けて、私が翻訳する運びとなった。同社でバフェット関連の書籍の翻訳を手がけるのは、バフェットの初期の投資にスポットライトを当てた『ウォーレン・バフェットはこうして最初の1億ドルを稼いだ　若き日のバフェットに学ぶ最強の投資哲学』（2018年）に次いで2冊目である。このようなすばらしい書籍を翻訳する機会を与えてくれたダイヤモンド社と鈴木氏には、改めて深く感謝したい。

2020年7月　岩本　正明

「コーポレートガバナンス上、一流の企業であれば避けたいと思う類の行動だ」。より精巧な内部統制システムがあれば、ソコルの行動が変わっていたと考え得る理由はほとんどない。コンプライアンス委員会を通して社員の個人的な投資を把握する手続きなど、細かい指揮統制を行う大きなコンプライアンス部門がバークシャーにあったと仮定しよう。企業の方針だけでソコルの不正な取引を防げなかった場合、さらなる官僚制度を取り入れただけでその取引が防げたかどうかは定かではない。それどころか、指揮統制アプローチは自立と信頼の文化の価値を毀損させ、ルールには違反しないがギリギリに近いグレーな行動を促す可能性もある。

※11. Munger (responding to shareholder questions).

※12. See Warren E. Buffett, "Before the Subcommittee on Telecommunications and Finance of the Energy and Commerce Committee of the U.S. House of Representatives" (1991), reprinted in Wall Street Journal, May 1, 2010. バフェットの警告は次のように始まる：
コンプライアンスの精神はコンプライアンスの字義と同等、もしくはそれ以上に重要です。私は正しい言葉、完璧な内部統制を求めます。一方で、ソロモンの従業員には自分自身がコンプライアンスの責任者になってもらうようお願いしています。すべてのルールに従った上で、さらに自分の意図するあらゆる行動が、情報に通じた批判的な記者が取材して書いた記事として、翌日に地元新聞の一面に載ってもいいのかどうか、自分の心に問いただしてほしいのです。果たして自分の妻や夫、子ども、友人がその記事に目を通してもかまわないのか。もしこの基準に従う行動ができれば、私の次の言葉を聞いても怖くはないでしょう。会社のために働いた結果、損失を出すことには理解を示します。ただ、会社の評判を少しでも損ねたとしたら、私は決して容赦しません。

※13. ソコルの事件を受けて、バークシャーの株主の一部はデラウェア州で取締役会を提訴した。取締役会が適切な内部統制システムを整備しなかったと訴えたのだ。バークシャーの信頼を基盤とした文化に対する批判に乗っかり、指揮統制システムの整備を放棄し、監督機関としての役割を果たしていないと不満を述べた。裁判所は「根拠が極めて薄い」として訴えを退けた。Ruling of the Court on Defendants' Motion to Dismiss, In re Berkshire Hathaway Inc. Deriv. Litig., No. 6392-VCL, 2012 WL 978867 (Del. Ch. Mar. 19, 2012). 同じ株主はソコルに対しても、バークシャーへの投資で失った300万ドルを補填するよう求めて訴えた。取締役会はソコルを訴えることを拒否していた。取締役会が中立的な行動ができないことを株主が立証できる場合を除いて、訴訟すべきかに関しては取締役会が決定権を持っている。ソコルを訴えるべきかの判断で、取締役会の中立性が損なわれていることを株主は立証することができなかった。デラウェア州裁判所はバフェットのプレスリリースが事実を曲解していることを認め、そうしたソコルとバフェットの親密な関係性が取締役会の判断を偏らせた可能性を示唆した。ただ、それは単に「煙に巻いた」だけにすぎず、取締役会の判断に決定的な影響を与えたとまでは言えないと述べた。In re Berkshire Hathaway.

※14. ソコルの事件は、いかにバークシャーが大衆からの視線に敏感かを如実に語っている。新聞の1面に載った際にどう見えるかに従って行動すべきだというバフェットの忠告を裏付けるものだ。もし、ソコルが最初に電話した際、「ウォーレン、ルーブリゾールは魅力的な会社だと思うよ。自分でも1000万ドル投資しているんだ。バークシャーでも投資すべきか検討した方がいいよ」と伝えていたらどうなっただろう。そうしていれば、一連の顛末はすべて起きなかったはずだ。ソコルはルールに則った行為だということをはっきりさせるために、次のように言えば良かったかもしれない。「もしバークシャーが私の分を購入価格で買い取りたいのであれば、喜んで売るよ」。バフェットの返事はおそらく次のようなものだったはずだ。「大丈夫、遠慮するよ。もし、バークシャーで買うことになれば、君にも売る資格はあるさ」。

※15. Attorney for David Sokol, "Statement of Dickstein Shapiro Partner Barry Wm. Levine," press release, April 27, 2011.

※2. See Sanjai Bhagat, Andrei Shleifer, and Robert W. Vishny, "Hostile Takeovers in the 1980s: The Return to Corporate Specialization," *Brookings Papers on Economic Activity: Microeconomics*, ed. M. N. Baily and C.Winston (Washington, DC: Brookings Institution, 1990), 1–84.
※3. Robert Sobel, *ITT: The Management of Opportunity* (Washington,DC: Beard Books, 2000); George A. Roberts, with Robert J. McVicker, *Distant Force: A Memoir of the Teledyne Corporation and the Man Who Created It* (Thousand Oaks, CA: Teledyne Corporation, 2007); and Gerald F.Davis, Kristina Diekman, and Catherine H. Tinsley, "The Decline and Fall of the Conglomerate Firm in the 1980s: The Deinstitutionalization of an Organizational Form," *American Sociological Review* 59, no. 4 (1994): 547–70.
※4. George P. Baker and George David Smith, *The New Financial Capitalists: Kohlberg Kravis Roberts and the Creation of Corporate Value* (New York: Cambridge University Press, 1998), 168.
※5. Davis et al., "The Decline and Fall of the Conglomerate Firm," 554.
※6. See Lawrence A. Cunningham, "Conversations from the Warren Buffett Symposium (Transcript)," *Cardozo Law Review* 19, no. 2 (1997), 719,736–37, 813; reprinted in Lawrence A. Cunningham, *The Buffett Essays Symposium: A 20th Anniversary Annotated Transcript* (Petersfield, UK: Harriman House, 2016), 13, 73.

Chapter 12　後継――「いつか訪れる最期」へのバフェットの回答

※1. See "Berkshire Hathaway: Playing Out the Last Hand," *Economist*, April 26, 2014; "Berkshire Hathaway: The Post-Buffett World," *Economist*, January 10, 2015.
※2. Steven Davidoff Salomon, "With His Magic Touch, Buffett May Be Irreplaceable for Berkshire," *New York Times*, May 21, 2013.
※3. See Gerald F. Davis, "The Twilight of the Berle and Means Corporation," *Seattle University Law Review* 34 (2011): 1121–38; see also Jeffrey N. Gordon, "Corporations, Markets, and Courts," *Columbia Law Review* 91, no. 8 (1991): 1931–88.
※4. See Deborah A. DeMott, "Agency Principles and Large Block Shareholders," *Cardozo Law Review* 19, no. 2 (1997): 321–40.

エピローグ　無慈悲という名の鞭

※1. Berkshire Hathaway, *Annual Report: Chairman's Letter*, 2009.
※2. Warren Buffett, "Opening Comments" (Berkshire Hathaway Annual Meeting, Omaha, NE, April 30, 2011).
※3. Buffett, "Opening Comments."
※4. Buffett, "Opening Comments" (responding to shareholder questions).
※5. See Steve Schaefer, "Buffett Breaks Out Elephant Gun for $9B Lubrizol Buy," *Forbes*, March 14, 2011; and Katya Wachtell, "Meet John Freund:Warren Buffett's Broker of 30 Years and the Citi Banker Who Alerted Him to Sokol's Deception," *Business Insider*, May 2, 2011.
※6. See also "David Sokol Defends His Controversial Lubrizol Stock Purchases"(transcript), CNBC, April 1, 2011, http://www.cnbc.com/id/42365586.
※7. Ruling of the Court on Defendants' Motion to Dismiss, *In re Berkshire Hathaway Inc. Deriv. Litig.*, No. 6392-VCL, 2012 WL 978867 (Del. Ch. Mar. 19, 2012).
※8. Buffett, "Opening Comments" (responding to shareholder questions);Charlie Munger (Berkshire Hathaway Annual Meeting, Omaha, NE, April30, 2011) (responding to shareholder questions).
※9. Ben Berkowitz, "Sokol Affair Tarnishes Buffett Style," Globe & Mail, March 31, 2011, デラウェア大学のチャールズ・エルソンの次の言葉を引用している。「これが起こり得るという事実は、企業の内部統制が果たしてこうした事態の発生を未然に防ぐ効力があるのかに関し疑問を呈している」。; Jenny Strasburg, "Buffett Is Seen as Too Trusting," MarketWatch, March 31, 2011.
※10. Berkowitz, "Sokol Affair," コロンビア大学のジョン・コフィーの次の言葉を引用している。

営を期待する」株主の管理責任があることは認めた。一方で、これまですべての利害関係者から敬意を勝ち取り、業界で賞を授与されていることにも言及した。汚染流出や遺産を扱う分野は複雑な請求を扱うことは認めつつも、それを宣伝工作に利用してはならないとし、記事はまさにそれを意図したものだと述べた。係争中の裁判に関して公にコメントを出すことは控えたいものの、それら裁判への影響を意図したように見える記事に対しては、自分たちの立場を擁護することも辞さないと訴えた。

※4. John Sylvester, "Policyholder Litigation Involving Claims Handling by Resolute Management Inc." (presentation to the American Bar Foundation,January 2014).

※5. 例えば、Dean Starkman, "AIG's Other Reputation; Some Customers Say the Insurance Giant Is Too Reluctant to Pay Up," Washington Post, August 21, 2005.

※6. Daniel Wagner and Mike Baker, "Warren Buffett's Mobile Home Empire Preys on the Poor," April 3, 2015, http://www.publicintegrity.org/2015/04/03/17024/warren-buffetts-mobile-home-empire-preys-poor.

※7. 記事では自身の取材でわかったことを列挙した。複数の企業名を出し、買い手に様々な商品を比較していると信じ込ませる;15パーセントを超える利率で貸し出す;巨額の手数料を課す;顧客は借り換え、圧力、手数料による詐欺や略奪があったと不満を訴えた;ふたりの元販売員はこうした問題があったにもかかわらず、本社からの指示を受けてクレイトンからローンを借りるよう顧客を斡旋したと述べた。

※8. "Clayton Homes Statement on Mobile-Home Buyer Investigation," *Omaha World Herald*, April 3, 2015.

※9. Daniel Wagner and Mike Baker, "A Look at Berkshire Hathaway's Response to 'Mobile Home Trap' Investigation," April 6, 2015, http://www.publicintegrity.org/2015/04/06/17081/look-berkshire-hathawaysresponse-mobile-home-trap-investigation.

※10. Mike Baker, "Buffett Sticks Up for Mobile-Home Business at Share- holder Meeting," Seattle Times, May 2, 2015.『Berkshire Beyond Buffett』とベイカーの 2015年5月2日の記事の数カ月前にニューヨーク・タイムズに掲載されたローレンス・カニンガムのコラムで説明しているように、すべての主張がクレイトン・ホームズの訴えと対立している。クレイトン・ホームズは返答の中でカニンガムのコラムを引用したが、ワグナーとベイカーは「長年のバフェットの信奉者」によって書かれた記事にすぎないと一蹴した。

※12. Clayton Homes, "Manufactured Home Living News," press release, May 18, 2015, http://www.reuters.com/article/2015/05/18/ idUSnGNX5smRmG+1c5+GNW20150518(建売住宅を購入しやすくする規制に反対することの重要性について言及している)とZach Carter, "House Republicans Hand Warren Buffett Big Win on Expensive Loans to the Poor," Huffington Post, April 14, 2015, http://www.huffingtonpost.com/2015/04/14/manufactured-housing- republicans_n_7065810.html(タイトルでわかるように、高金利ローンによる破産から人々を守る規制を支持する内容)を比較せよ。

※12. Mike Baker, "Buffett's Mobile Home Business Plan Has Most to Gain from Deregulation Plan," *Seattle Times*, May17,2015, http://www.seattletimes.com/business/real-estate/buffetts-mobile-home-business-has-most-to-gain-from-deregulation-plan/;Baker,"Buffett Sticks Up for Mobile-Home Business."

※13. Ariz. Admin. Code, R14-2-1802 et seq; see ASU Energy Policy Innovation Council, Net Metering Rules Brief Sheet (Dec. 2013), https://energypolicy.asu.edu/wp-content/uploads/2014/01/Policies-to-Know-Arizona-Net-Metering-Rules-Brief-Sheet_Updated.pdf.

※14. Reem Nasr, "Ground Zero in the Solar Wars: Nevada," *CNBC*, May 26, 2015, https://www.cnbc.com/2015/05/26/ground-zero-in-the-solar-wars-nevada.html.

※15. Mark Chediak, Noah Buhayar, and Margaret Newkirk, "Warren Buffett Is Sending Mixed Messages on Green Energy," *Bloomberg Business*, May 18, 2015.

Chapter 11　規模――「巨大すぎる」という疑念との闘い

※1. Robert Miles, *The Warren Buffett CEO: Secrets from the Berkshire Hathaway Managers* (New York: Wiley, 2003).

せん。
※2. Eileen Appelbaum and Rosemary Batt, *Private Equity at Work* (New York: Russell Sage, 2014), 2.
※3. Matthew D. Kain, Stephen B. McKeon, and Steven Davidoff Solomon,"Intermediation in Private Equity: The Role of Placement Agents," July 14,2017,https://ssrn.com/abstract=2586273.
※4. Ryan Kantor and Ryan Sullivan, "A Lawyer's Guide: Valuation Issues in Private Equity Funds," December 6, 2012, https://ssrn.com/abstract=2408295.
※5. Guy Fraser-Sampson, *Private Equity as an Asset Class* (Hoboken, NJ:Wiley, 2007) 9.
※6. Appelbaum and Batt, *Private Equity*, 71–72.
※7. Id. 68–71, 286–87.
※8. Id. 282.
※9. See Victor Fleischer, "Two and Twenty: Taxing Partnership Profits in Private Equity Funds," NYU Law Review 83, no. 1-59 (2008).
※10. See Gretchen Morgenson, "Private Equity's Free Pass," *New York Times*, July 26, 2014; John C. Coffee Jr., "Political Economy of Dodd-Frank:Why Financial Reform Tends to be Frustrated and Systemic Risk Perpetuated," *Cornell Law Review* 97, no. 5 (2012): 1019–82.
※11. バークシャーモデルは、株主よりほかの利害関係者を優先したり、すべての利害関係者を同列に置いたりすることがあるステークホルダーモデルとは一線を画す。
※12. George P. Baker and George David Smith, *The New Financial Capitalists:Kohlberg Kravis Roberts and the Creation of Corporate Value* (New York: Cambridge University Press, 1998).
※13. Barker and Smith, *The New Financial Capitalists*, 100.

Chapter 8　比較――買収後の見事な経営が数々の伝説を生んだ

※1. Kris Frieswick, *ITW: Forging the Tools for Excellence* (BainbridgeIsland, WA: Fenwick, 2012), 67–70.
※2. Id. 63–64.
※3. マーモンについての記述はLawrence A. Cun- ningham, Berkshire Beyond Buffett (New York: Columbia University Press, 2014)を参照した。さらに、2度のインタビューやカニンガムがフランク・プタークと2015年に主催したノースウェスタン大学での書籍イベントで得た情報も加味している。
※4. See Tim Mullaney, "Opinion: The True Mastermind of Google's Alphabet? Warren Buffett," Marketwatch, August 17, 2015, https://www.marketwatch.com/ story/the-true-mastermind-of-googles-alphabet-warren-buffett-2015-08-17（両モデルの側面を比較したカニンガムのコメントを多く引用している記事だ）。

Part4　課題克服のための掟

Chapter 9　判断――判断ミスはコストのうち

※1. See Peter Lattman, "A Record Buyout Turns Sour for Investors," *New York Times*, February 28, 2012.
※2. See Deena Shanker and Craig Giammona, "Kraft Heinz Slumps on SEC Subpoena, $15.4 Billion in Writedowns," *Crain's Chicago Business*, February 21, 2019.
※3. See *Revlon v. MacAndrews & Forbes*, 506 A.2d 173 (Del. 1986).
※4. See *Paramount Communications, Inc. v. Time, Inc.*, 571 A.2d 1140(Del. 1989).
※5. See *Denver Area Meat Cutters v. Clayton*, 209 S.W.2d 584 (Tenn. Ct.App. 2006); *Denver Area Meat Cutters v. Clayton*, 120 S.W.3d 841 (Tenn.Ct. App. 2003).

Chapter 10　大衆の認識――注目されすぎる代償

※1. Mark Greenblatt, "Berkshire Insurance Payments Criticized," *Scripps*, October 6, 2013.
※2. Berkshire Hathaway, News Release October 31, 2013.
※3. バークシャーは同事業での保険金の支払いとその関連経費は年間24億ドル、累積で200億ドルを超えると訴えた。自分たちが保険契約者、保険会社、再保険会社に対して多方面にわたる義務を負い、苦情や申し立て、規制当局者、そして「業界の最低限の行動基準を大きく上回る事業運

Beard, 1987).

Chapter 5 取締役会——バフェットの人材育成術

※1. Lawrence A. Cunningham, "Conversations from the Warren Buffett Symposium" (transcript), *Cardozo Law Review* 19, no. 2 (1997) : 719, 737;reprinted in Lawrence A. Cunningham, *The Buffett Essays Symposium: A 20th Anniversary Annotated Transcript* (Petersfield, UK: Harriman House,2016), 13.

※2. この点に関しては、バークシャーの取締役でマンガー・トールズ&オルソンのパートナーでもあるロナルド・オルソンから話を聞いた。

※3. Warren E. Buffett and Lawrence A. Cunningham, *The Essays of Warren Buffett: Lessons for Corporate America*, 4th ed. (New York: The Cunningham Group; distributed by Carolina Academic Press, 2015), 47 (from the 2002 letter).

Chapter 6 社内事情——世の中の逆を行く「非ガバナンス」の組織

※1. See Stephen M. Bainbridge, "A Critique of the NYSE's Director Independence Listing Standards," *Securities Regulation Law Journal* 30, no. 4 (2002): 370, 381.

※2. Kelli A. Alces, "Beyond the Board of Directors," Wake Forest Law Review 46 (2011): 783–836 と Stephen M. Bainbridge, "Director Primacy: The Means and Ends of Corporate Governance," Northwestern University Law Review 97, no. 2 (2003): 547–607を比較せよ。

※3. See Marcel Kahan and Edward Rock, "Embattled CEOs," *Texas Law Review* 88, no. 987 (2010): 201–10.

※4. See Tom C. W. Lin, "The Corporate Governance of Iconic Executives," Notre Dame Law Review 87, no. 1 (2011): 351–82（アイコン的なCEOは組織や法律家からの敬意が過剰となり（スティーブ・ジョブズなど）、自信過剰になりがちで（バフェットなど）、ときに不道徳にもなり得る（マイケル・アイズナーなど）のではないかと示唆している）。

※5. See Melvin A. Eisenberg, "The Board of Directors and Internal Control," *Cardozo Law Review* 19, no. 2 (1997): 237–64.

※6. See Michael Power, *The Audit Society: Rituals of Verification* (Oxford:Oxford University Press, 1997).

※7. Warren E. Buffett and Lawrence A. Cunningham, *The Essays of Warren Buffett: Lessons for Corporate America*, 4th ed. (New York: The Cunningham Group; distributed by Carolina Academic Press, 2015), 298 (from the 2014 letter).

※8. Gary S. Becker, "Crime and Punishment: An Economic Approach," *Journal of Political Economy* 76, no. 2 (1968): 169–217.

※9. David A. Skeel, Jr., "Shaming in Corporate Law," *University of Pennsylvania Law Review* 149, no. 6 (2001): 1811–68; Margaret M. Blair and Lynn A. Stout,"Trust,Trustworthiness and the Behavioral Foundations of Corporate Law," *University of Pennsylvania Law Review* 149, no. 6 (2001):1735–810.

Part3 投資の掟

Chapter7 対比——最初は「門外漢の乗っ取り屋」だった

※1. See Warren E. Buffett, Before the Subcommittee on Telecommunications and Finance of the Energy and Commerce Committee of the U.S. House of Representatives (1991), reprinted in Wall Street Journal, May 1, 2010. バフェットの警告は次のように始まる：
コンプライアンスの精神はコンプライアンスの字義と同等、もしくはそれ以上に重要です。私は正しい言葉、完璧な内部統制を求めます。一方で、ソロモンの従業員には自分自身がコンプライアンスの責任者になってもらうようお願いしています。すべてのルールに従った上で、さらに自分の意図するあらゆる行動が、情報に通じた批判的な記者が取材して書いた記事として、翌日に地元新聞の1面に載ってもいいのかどうか、自分の心に問いただしてほしいのです。果たして自分の妻や夫、子ども、友人がその記事に目を通してもかまわないのか。もしこの基準に従う行動ができれば、私の次の言葉を聞いても怖くはないでしょう。会社のために働いた結果、損失を出すことには理解を示します。ただ、会社の評判を少しでも損ねたとしたら、私は決して容赦しま

と述べている。

Chapter 2　パートナーシップの慣習——株価が30万ドルになるまで

※1. 寄付の対象の一部に反対する社会擁護団体がバークシャー子会社の製品の不買運動を起こしたため、バークシャーは泣く泣くそのプログラムを終了させた。

※2. 今日ではクラスA株は1株当たり1票の議決権と配当などの経済的利益に対する同等の権利を有する一方、クラスB株は議決権が1万分の1、経済的利益に対する権利は1500分の1に抑えられている。

※3. William Zissner, *On Writing Well* (New York: Harper Collins 1990), 58.

Chapter 3　経営手法——キャッシュを生み続ける美味しいビジネスモデル

※1. いいかげんな保険引き受けによる倒産は、まさにガイコがバークシャーに買収される前の1970年代に、ジェネラル・リインシュアランスが買収された後の2000年代に経験しかけたことだ。

※2. これらの数字は推測に基づく。バフェットは2010年の株主への手紙で、本社の家賃は年間27万212ドル、設備への投資総額が30万1363ドルに達すると明らかにしている。Warren E. Buffett and Lawrence A. Cunningham, The Essays of Warren Buffett: Lessons for Corporate America, 4th ed. (New York: The Cunningham Group; distributed by Carolina Academic Press, 2015), 80 (from the 2010 letter). バークシャーの2018年の委任勧誘状では最も給与の高い従業員を挙げ、CFOの基本給が2015年は135万ドル、2016年は155万ドル、2017年は177 万5000ドルだったと明らかにしている。

※3. Lawrence A. Cunningham, *Berkshire Beyond Buffett* (New York:Columbia University Press, 2014), 213.

※4. そのうちの一つは、バークシャーが雇った仲介業者が話を持ち込んでいる。バフェットが子会社のCEOであるソコルに買収候補企業を探すよう依頼したケースで、極めて異例だった。エピローグに詳細を載せている。

Part2　信頼と委譲の掟

Chapter 4　買収——人への信頼こそが巨利の源泉

※1. John Mueller, *Capitalism, Democracy and Ralph's Pretty Good Grocery* (Princeton, NJ: Princeton University Press, 1999), 96.

※2. See Lawrence A. Cunningham, Berkshire Beyond Buffett: The Enduring Value of Values (New York: Columbia University Press, 2014), 11:「1980年代半ば、バークシャーはデパートチェーンのダイバーシファイド・リテイリング・アソシエイテッド・ストアーズやホクスチャイルド・コーンなど、投資事業組合時代に買っていた経営難の企業を数社売却したが、その後バフェットは買収した企業を二度と売却しないと誓った」。永久に保有すると約束することが、売り手にとってどのような経済的価値を持つのかをバフェットが認識したのはそのときだった。次にバークシャーが子会社を売却したのは2019年で、アプライド・アンダーライターという専門商品を扱う小さな保険会社だった。バークシャーが同じ業界の競合会社を複数買収したことが売却につながったと報じられている。See Nicole Friedman, "Warren Buffett Is Doing Something Rare: Selling a Business," Wall Street Journal, February 27, 2019.

※3. Benjamin Moore; BNSF; Clayton Homes; CTB; Dairy Queen; Fruit of the Loom; Garan; Gen Re; Johns Manville; Justin; Lubrizol; MidAmerican Energy; Precision Castparts; Shaw Industries; and XTRA. また、ハインツの買収や後のクラ フトとの合併でも提携した。

※4. 取引にかかわり、いまでもパートナーを務めるロバート・デンハムとロナルド・オルソンから話を聞き、マンガーの果たした役割について裏付けを取っている。

※5. そのころはまだ、そうした信任義務は当たり前とされていなかった。常識とされるようになったのはそのすぐ後だ。ただ当時でさえ、ある程度頻繁にやられていたことで、裁判所でも真剣に争われていた。例えば、その年の画期的な裁判であるSmith v. Van Gorkom, 488 A. 2d 858 (Del. 1985)などがある。

※6. See Restatement (Second) of Contracts 193 (1981).

※7. See Thomas Petzinger Jr., *Oil & Honor: The Texaco-Pennzoil Wars* (Washington, DC:

Part 1　組織マネジメントの掟

Chapter 1　プレイヤー――さびれた繊維会社を世界一の投資会社に変身させる

※1. See Deborah A. DeMott, "Agency Principles and Large Block Shareholders," *Cardozo Law Review* 19, no. 2 (1997): 321–40.

※2. See Lawrence E. Mitchell "The Human Corporation: Some Thoughts on Hume, Smith, and Buffett," *Cardozo Law Review* 19, no. 2 (1997): 341.

※3. *Meinhard v. Salmon*, 164 N.E. 545 (N.Y. 1928).141

※4. See Amy Deen Westbrook, "Warren Buffett's Corporation: Reconnecting Owners and Managers," *Oklahoma City University Law Review* 34, no. 3 (2009): 515–48.

※5. See Michael Eisner and Aaron R. Cohen, *Working Together: Why Great Partnerships Succeed* (New York: Harper Collins, 2014).

※6. See Melvin A. Eisenberg, "The Board of Directors and Internal Control," *Cardozo Law Review* 19, no. 2 (1997): 237–64.

※7. See Jill E. Fisch, "Taking Boards Seriously," *Cardozo Law Review* 19, no. 2 (1997): 265–90.

※8. Gary Strauss, "Directors See Pay Skyrocket," USA Today, October 26, 2011. 報酬が低いほかの取締役会としては、クレジット・アクセプタンス・コーポレーション、コンステレーション・ソフトウェア(ローレンス・カニンガムが取締役を務める)などを見てほしい。

※9. See Mark Calvey, "Berkshire Hathaway Director Susan Decker Offers Rare Peek Into Warren Buffett's Boardroom," *San Francisco Business Times*, December 9, 2014.

※10. See James D. Cox and Harry L. Munsinger, "Bias in the Boardroom:Psychological Foundations and Legal Implications of Corporate Cohesion," *Law and Contemporary Problems* 48, no. 3 (1985): 83–135.

※11. See Charles McGrath, "80 Percent of Equity Market Cap Held by Institutions," Pensions & Investments, April 25, 2017. 具体的な数字はタイミング、データ、市場範囲の定義によって異なる。ケース・ウェスタン・リザーブ大学のゲイリー・プレヴィッツが1965～2015年にかけての米連邦準備制度理事会のデータを検証し、同様の数字が得られた。データはローレンス・カニンガムが保管している。

※12. ローレンス・カニンガムの近年の研究では、米国企業の株主構成の重要性を調べている。分散投資するインデックス投資家と長期保有しない短期売買者と対比する形で、集中投資し長期保有する、いわゆる質の高い株主の存在に光を当てている。彼らは企業の業務に大きな価値を加える。

※13. Warren E. Buffett and Lawrence A. Cunningham, *The Essays of Warren Buffett: Lessons for Corporate America*, 4th ed. (New York: The Cunningham Group; distributed by Carolina Academic Press, 2015), 101 (from the 1993 letter).

※14. Buffett and Cunningham, The Essays of Warren Buffett, 27–28(1979年の株主への手紙から、後にオーナーズ・マニュアルと1996年以降の年次報告書にも再掲載される)。

※15. See Richard Teitelbaum, "Berkshire Billionaire Found with More Shares Than Gates," *Bloomberg News*, September 17, 2013.

※16. Andrew Kilpatrick, *Of Permanent Value: The Story of Warren Buffett* (Birmingham, AL: AKPE, 2018).

※17. 数少ない例外を挙げると、デクスター・シューの経営が悪化した際にその残余資産をH・H・ブラウン・シューに移行し、コーンハスカー・カジュアルティーのブラッド・キンストラーをフェックハイマー・ブラザーズのCEOに、さらにその後シーズ・キャンディーズのCEOに任命した。

※18. See Robert P. Miles, *The Warren Buffett CEO: Secrets from the Berkshire Hathaway Managers* (New York: Wiley, 2003), 357–58.

※19. ウィットマンは亡くなる1年前、彼が執筆した家族の回顧録にローレンス・カニンガムが序文を寄せたことに敬意を表しており、本文はその一部に手を加えたものだ。

※20. ほかにもジム・ウェバー、トム・マネンティがいる。ウェバーはこれまでのキャリアでこれほど信頼されたことはなく、より責任を感じるようになったと述べている。マネンティはバフェットから信頼されたことで、チームメンバーにも信頼して大きな責任を任せられるようになった

※10. Beiten Burkhard, "Advises Ute Louis on the Sale of Detlev Louis Motorradvertriebs GmbH," company statement, February 20, 2015.

※11. "What Do You Get When You Cross Warren Buffett With a Motorcycle?" *Motley Fool*, February 21, 2015.

※12. European Union, "Commission Clears Acquisition of Detlev Louis Motorradvertriebs by Berkshire Hathaway," press release, April 27, 2015.

※13. Alexander Möthe and Astrid Dörner, "Warren Buffet's German To-Do-List," *Handelsblatt*, February 25, 2015; see also Steve Jordon, "Warren Watch-Buffett's 'German Scout' on the Hunt," Omaha World-Herald,March 22, 2015.

※14. 本書は2013~18年にかけてローレンス・カニンガムが執筆し、ステファニー・キューバが主に編集した20本以上の論説を大きく加筆・修正したものだ。

2018:

• "Warren Buffett on Mentoring," NACD Directorship, July-August 2018;

• "How Shareholders Have Built, Preserved Berkshire," Omaha World-Herald, May 5, 2018.

2017:

• "Warren Buffett's Ten Commandments for Directors," NACD Directorship, July- August 2017;

• "Berkshire Managers Flourish in Decentralized Structure," Omaha World- Herald, May 7, 2017;

• "Unilever Deal Is Dead, but Buffett's 'Big Game' Danger Lives On," CNBC, February 22, 2017;

• "Contract Interpretation 2.0: Not Winner Take All but Best Tool for the Job," George Washington Law Review 85, no. 6 (2017): 1625–59.

2016:

• "The Writings of a Joyous Investor," NACD Directorship, July-August 2016;

• "Berkshire Hathaway: From Value Investing to Trust Managing," Manual of Ideas, May 2016;

• "Culture of Autonomy Makes Berkshire's Size More Strength Than Weakness," Omaha World-Herald, April 30, 2016;

• "Berkshire's Blemishes:Lessons for Buffett's Successors, Peers and Policy," Columbia Business Law Review 1, no. 1 (2016): 1–59.

2015:

• "Warren Buffett Arrives in Europe: Seeking Quality Companies to Preserve and Protect," European Financial Review, December 28, 2015;

• "Warren Buffett and Wall Street: The Best of Frenemies," Financial History (Fall 2015);

• "Minus the Middleman: Berkshire Model Offers Profitable Lessons," Omaha World-Herald, May 1, 2015;

• "The Philosophy of Warren E. Buffett," New York Times, April 30, 2015;

• "WhyWarren Buffett's Son Isn't the Heir Apparent,"CNBC, March11, 2015;

• "Understanding Succession at Berkshire After Buffett,"NewYorkTimes, March 2, 2015;

• "The Secret Sauce of Corporate Leadership," Wall Street Journal, January 25, 2015;

• "Intermediary Influence and Competition: Berkshire versus KKR," University of Chicago Law Review Dialogue 82, no. 1 (2015): 177–99;

• "Berkshire's Disintermediation: A Managerial Model for the Next Generation," Wake Forest Law Review 50 (2015): 509–31.

2014:

• "Ocwen Would Do Well to Follow the Lessons of Berkshire's Clayton Homes," New York Times, December 24, 2014;

• "Big-Hearted Warren Buffett's Guide to Giving," CNBC, December 5, 2014;

• Berkshire Beyond Buffett: The Enduring Value of Values (New York: Columbia University Press 2014), chap. 8.

※15. See Warren E. Buffett, "Before the Subcommittee on Telecommunications and Finance of the Energy and Commerce Committee of the U.S. House of Representatives" (1991), reprinted in *Wall Street Journal*, May 1, 2010.

＜注記一覧＞

プロローグ　信頼という名のアメ

※1. See Erik P. M. Vermeulen, “Corporate Governance in a Networked Age,” *Wake Forest Law Review* 50, no. 3 (2015): 711–42; Erik P. M. Vermeulen and Mark Fenwick, “The Future of Capitalism: ‘Un-Corporating’ Corporate Governance” (working paper, Lex Research Topics in Corporate Law &Economics, 2016); Mark Fenwick, Wulf A. Kaal, and Erik P. M. Vermeulen,“-Regulation Tomorrow: What Happens When Technology Is Faster Than the Law?” https://papers.ssrn.com/sol3/papers.cfm?abstract_id=2834531(2017); Toshiyuki Kono, Mark Fenwick, and Erik P. M. Vermeulen, “Organizing-for-Innovation: New Perspectives on Corporate Governance” (2017).

※2. See David F. Larcker and Brian Tayan, “Berkshire Hathaway: The Role of Trust in Governance” (Stanford Governance Research Program, May 28,2010).

※3. See Jay B. Barney and William S. Hesterly, *Strategic Management and Competitive Advantage: Concepts and Cases*, 6th ed. (New York: Pearson,2018), 261–62.

※4. See Subrata N. Chakravarty, “Three Little Words,” *Forbes*, April 6, 1998.

※5. See Jerker Denrell, “Vicarious Learning, Undersampling of Failure,and the Myths of Management,” *Organization Science* 14, no. 3 (May–June 2003): 227–351.

※6. See Aneil K. Mishra, “Organizational Responses to Crisis: The Centrality of Trust,” in Trust in Organizations: Frontiers of Theory and Research, ed. Roderick M. Kramer and Tom R. Tyler (Thousand Oaks, CA: Sage, 1996), 261, 282. これらふたりの学者やビジネス誌によると、信頼は公的機関においても民間の組織においても組織の行動と存続を左右する主な要因だという。また、現在の経営環境はより不透明かつ競争的であるため、信頼が組織の長期的な成功と存続の可能性を高める主因になるという一部学者の意見もある。

See Jordan D. Lewis, Trusted Partners: How Companies Build Mutual Trust and Win Together (New York: Free Press, 1999); Christel Lane and Reinhard Bachmann, eds., Trust Within and Between Organizations (Oxford: Oxford University Press, 1998); and “Special Topic Forum on Trust in and Between Organizations,” Academy of Management Review 23, no. 3 (1998): 384–640.

※7. See Dennis Reina and Michelle Reina, Trust and Betrayal in the Work- place: Building Effective Relationships in Your Organization (Oakland, CA: Berrett- Koehler, 2015); Ken Blanchard and Jesse Lyn Stoner, Full Steam Ahead: Unleash the Power of Vision in Your Work and Your Life (San Francisco, CA: Berrett- Koehler, 2011)(「人は自らの判断でリーダーに従う。信頼がなければ、せいぜい命令に 従ってくれるだけだ」)とChristel Lane, “Introduction: Theories and Issues in the Study of Trust,” in Trust Within and Between Organizations, 1（「新たなビジネスの環境において、信頼は優れたパフォーマンスや競争における成功の前提条件だとますます見なされるようになっている」）; Sue Shellenbarger, “Workplace Upheavals Seem to Be Eroding Employees’ Trust,” Wall Street Journal, June 21, 2000.

※8.『Outstanding Investor Digest』に掲載された1993年6月30日のインタビューの中で、バフェットは次のように語っている。

私たちが言う「モート」とは、ほかの人が「競争優位」と呼ぶものです。身近な競争相手 と自分たちを差別化する要因であり、サービスの中身、低コスト、味など、代替品との比 較において消費者の心に残る製品の長所のことです。モートにはいろいろあります。目には見えないかもしれませんが、モートは常に広がったり、狭まったりしているのです。

See Michael E. Porter, Competitive Strategy: Techniques for Analyzing Industries and Competitors (New York: Free Press, 1980); Clayton Christensen, The Innovator’s Dilemma: When New Technologies Cause Great Companies to Fall (Boston: Harvard Business Review, 1997).

※9. Mani, “Warren Buffett to Acquire Detlev Louis Motorradvertriebs In Europe Push,” *Value Walk*, February 20, 2015, https://www.valuewalk.com/2015/02/warren-buffett-detlev-louis/.

［著者］
ローレンス・A・カニンガム（Lawrence A. Cunningham）
1962年7月10日生まれ。ジョージ・ワシントン大学のロースクールの教授を務める。企業の取締役会に対する支援や提言、コーポレート・ガバナンスに関する研究などが認められ、2018年には全米取締役協会（NACD）よりケネス・D・ウェスト生涯貢献賞が授与された。コーポレート・ガバナンスや投資関連の著作も多数。『バフェットからの手紙』（パンローリング）は特に有名で、現在でも版を重ねている。

ステファニー・キューバ（Stephanie Cuba）
プロジェクトマネジメント、投資分析、官民パートナーシップを専門とする不動産コンサルティング会社、CCストラテジーの社長を務める。カニンガムとキューバは婚姻関係にあり、現在ニューヨークに在住。

［訳者］
岩本正明（いわもと・まさあき）
1979年生まれ。大阪大学経済学部卒業後、時事通信社に入社。経済部を経て、ニューヨーク州立大学大学院で経済学修士取得。通信社ブルームバーグに転じたのち、独立。主な訳書に『ウォーレン・バフェットはこうして最初の1億ドルを稼いだ――若き日のバフェットに学ぶ最強の投資哲学』（ダイヤモンド社）などがある。

バフェット帝国の掟
――50年間勝ち続けて60兆円を生んだ最強ビジネスモデル

2020年9月29日　第1刷発行

著　者――――ローレンス・A・カニンガム、ステファニー・キューバ
訳　者――――岩本正明
発行所――――ダイヤモンド社
〒150-8409　東京都渋谷区神宮前6-12-17
https://www.diamond.co.jp/
電話／03･5778･7233（編集）　03･5778･7240（販売）

装丁・本文デザイン―和全（Studio Wazen）
装丁写真――――Michael O'Neill/Corbis via Getty Images
著者写真――――Shari Gouldsmith
製作進行――――ダイヤモンド・グラフィック社
印刷――――――八光印刷（本文）・加藤文明社（カバー）
製本――――――川島製本所
編集担当――――鈴木豪

ISBN 978-4-478-11017-1